一口刀子嘴，就算豆腐心也沒人愛

用舌頭代替拳頭的話語掌控術

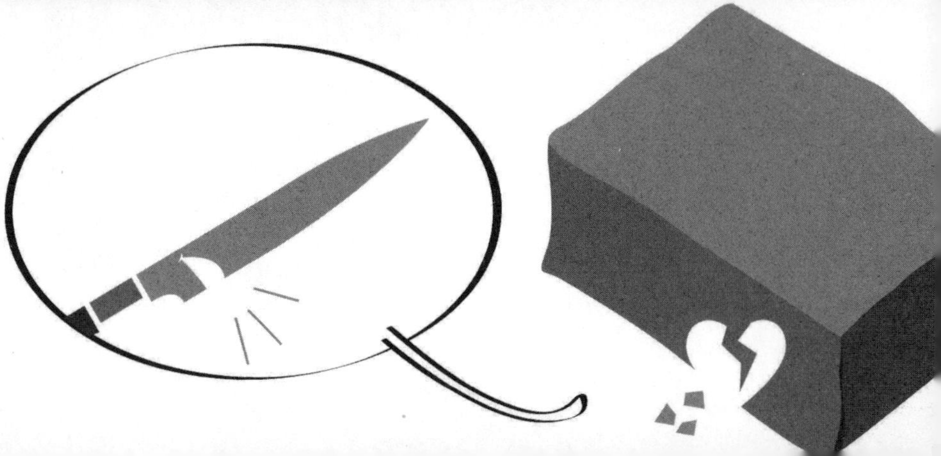

贏家系列：21

一口刀子嘴，就算豆腐心也沒人愛：用舌頭代替拳頭的話語掌控術

編　　著　陳瑋順
出 版 者　大拓文化事業有限公司
執行編輯　林秀如
美術編輯　姚恩涵

總 經 銷　永續圖書有限公司
劃撥帳號　18669219
地　　址　22103 新北市汐止區大同路三段一九十四號九樓之一
TEL　（〇二）八六四七—三六六三
FAX　（〇二）八六四七—三六六〇
E-mail　yungjiuh@ms45.hinet.net
網　址　www.foreverbooks.com.tw

CVS代理　美璟文化有限公司
TEL　（〇二）二七二三—九九六八
FAX　（〇二）二七二三—九六六八

法律顧問　方圓法律事務所　涂成樞律師

出 版 日◇二〇一七年九月

國家圖書館出版品預行編目資料

一口刀子嘴，就算豆腐心也沒人愛：
用舌頭代替拳頭的話語掌控術 / 陳瑋順編著.
-- 初版. -- 新北市 : 大拓文化, 民106.09
面 ;　公分. -- (贏家系列 ; 21)
ISBN 978-986-411-058-2(平裝)
1.口才　2.說話藝術　3.人際關係
192.32　　106011844

前言

只有笨人才會用拳頭解決問題，真正的高手對決用的是舌頭。而這小小的三寸之舌，用得好，百萬之師可退，用不好，卻是萬千禍端的源頭。口是禍之門，說得很精闢。說話是一門藝術，說出去的話，如潑出去的水，不掌握技巧，沒有分寸，就會給自己惹來不必要的麻煩，覆水難收。但如果掌握了一定的原則，就會福從口入。

有位哲人說過：「世間有一種成就可以使人很快完成偉業，並獲得世人的認可，那就是講話令人喜悅的能力。」可見掌握語言的技巧是多麼重要。通觀古今中外，凡是有作為的人，都把語言表達作為必備的修養之一，如古羅馬共和國末期的政治家西塞羅就是一個雄辯家，還有美國很多位總統，如林肯、歐巴馬等。不誇張地說，一個人只有掌握了語言的技巧，才可以在與人打交道的時候占盡先機，達到自己的目的。

本書著重介紹如何用話語進行掌控，從原則到應用，從基礎到智慧提升。力求如何在談話之前摸透你的談話對象、如何根據談話對象特點組織你的語言、如何運用各種肢體語言和輔助工具來增強你的話語說服力、如何一舉擊破對方心理防線，達到你的談話目的等等，與我們日常交往息息相關的談話技巧具體而微地講清楚，進而幫助大家學會語言掌控的技巧，在說話的過程中讓對方按照你的意旨去行動，進而達到你的交往目的。

最後，祝讀者朋友們在人生的戰場上，用三寸之舌，交遍天下，創造輝煌的生活。

前言／003

PART 1

助你完全瞭解談話對象

01 你的世界是由你說的話建造的／012
02 語言是一個人綜合素質的體現／015
03 只有真誠才能換來真誠／019
04 邊看邊說，邊說邊看／022
05 操縱他，就要先全面瞭解他／025
06 用「心理透視法」摸清對方思路／029
07 在陌生人面前演講時，做好前期功課／033
08 操縱他人，必先控制自己／036
09 優雅的談吐討人喜歡／040
10 轉換角度，以他人為出發點去掌控他／044

CONTENTS

11 言多必失，言多壞事／047
12 話到嘴邊，你要留下哪半句／051

PART 2

不說你想說的，說對方想聽的

01 根據現代人記憶特點組織語言／058
02 讓你的右腦「資訊地圖」來輔助左腦／062
03 選擇面對面直接溝通，還是其他間接方式／066
04 瞭解他人的需要，給對方製造說話的機會／069
05 語露同情，對方才會覺得你是「同一國」的／074
06 話序決定效果，逆耳的話一定要先說／078
07 熟諳慢的智慧，說話切勿操之過急／083
08 別苛求全部，每次讓對方吸收一點就好／087

09 說得越多，你所能控制的就越少／091
10 聲行並舉，增強你的表現力／095
11 微笑著說，打開對方心扉／099
12 豐富語氣，增強你的感染力／104
13 反覆暗示，無聲的說服讓對方印象深刻／107

PART 3 散發個人魅力的溝通更具魔力

01 開口前先洞察對方的心思與意圖／112
02 第一形象、和顏悅色與心態比「巧語」更重要／116
03 你真的把話說清楚了嗎／120
04 記住，你還有兩隻耳朵在傾聽／123
05 努力提高自己的可信度／127

CONTENTS

06 信守承諾，讓對方看到你的光芒／130
07 把自信心烙在每個字上／134
08 努力說好第一句話／138
09 活用名言，讓自己的話更具權威性／142
10 語言中不要有「被動形式」／145

PART 4

不斷提升D才力，讓話語掌控成為現實

01 學會選用話題，為自己的語言添磚加瓦／150
02 擴展知識面，讓自己成為語音百科全書／156
03 鯨吞式閱讀，你可以學到更多／161
04 利用語言的結晶，做真正的語言強者／166
05 不斷累積，記憶力提高你能說得更好／170

06 控制說話音量，「超音波」只會令人反感／176
07 加強訓練，你的音色如此與眾不同／180
08 說話流暢，對方才會對你的話更有興趣／186
09 培養節奏，抑揚頓挫下輕鬆掌控對方／194
10 不同的語氣，向對方展露不同的意思／198
11 適當停頓，對方會對你的話欲罷不能／201
12 糾正不良發音，確保字正腔圓／207
13 提升語速技巧，增強表達效果／211
14 有活力的聲音才是最美的／216

PART 5

話語掌控力的訓練方法

01 熱身，讓身心進入掌控狀態／220
02 觀察他人談話，並進行聯想／223

CONTENTS

03 調整呼吸，控制聲音／226

04 學習駕馭你的聲音／229

05 在鏡子前透過視覺訓練自己／232

06 進行攝影，分析對自己說話的感受／234

07 注意你的形象與穿著／236

08 注意禮儀，要以禮待人／240

09 吸引你的聽眾不自覺地認同你／244

10 說話準確，瞬間征服對方／248

11 放開心靈，完美溝通／250

PART 1

助你完全瞭解談話對象

01 你的世界是由你說的話建造的

說話的能力是成名的捷徑。
——湯姆士【美國】

一次談話就可以決定人事業的成敗，你相信嗎？

其實這一點也不誇張，人類行為科學研究者曾經說過：「說話的能力是成名的捷徑。它能使人顯赫，鶴立雞群。能言善辯的人，往往受人尊敬，受人愛戴，得人擁護。它使一個人的才學充分拓展，熠熠生輝，事半功倍，業績卓著。而且，發生在成功人物身上的奇蹟，一半是由口才創造的。」而古往今來的風雲人物也都是擅長說話的高手，例如著名的英國首相柴契爾夫人。一九八三年元旦，英國女王伊莉莎白二世為多年替首相柴契爾夫人擔任顧問的戈登・里斯授爵位。其主要功績是：有效地提高了柴契爾夫人的演說能力和應答記者提問的能力；為柴契爾夫人撰寫了深得人心的演講稿……一句話，為英國塑造了一位嶄新的「風姿綽約、雍容而不過度華貴、談吐優雅和待人親切自然的女首相形象」。

不僅僅政治人物因能言善道而備受人尊崇，普通人也是如此。現在，人們會把說話作為衡量優秀人才的重要尺度之一，比如，企業招募人才時，口試是必須的。在日本，很多大型公司在招募人才時，甚至專門就面試者的說話能力進行了規定，其規定內容還以條文的形式一一列舉，其中包括以下諸條：應徵者聲若蚊子者，不予錄用；說話做不到抑揚頓挫者，不予錄用；交談時，說不到重點者，不予錄用；答問時，無法做到乾淨俐落者，不予錄用；說話無生氣者，不予錄用；說話前後矛盾、顛三倒四，甚至不知所云者，不予錄用等。

或許，日本的這些大公司這樣做顯得很苛刻，但是，這也反映了一個事實，那就是一個人會不會說話與他的事業之間有著密切的關係，是否會說話在某種程度上決定了他是否能夠勝任本職工作。

口才是一個人思維的體現。一個能言善道、善於清晰表達自我的人，他做起事情來一定是思路清晰、條分縷析，因此更容易做出業績，也更容易被人發掘。

總而言之，透過說話讓上司、同事、朋友、親人等更深層次地瞭解你，可以加深大家對你的好感和信任，你才有機會升到高位，得到自己想要的，並最終獲得夢寐以求的成功。換句話說，你的世界是由你說的話建造的，你怎麼說話決定了你的人際關係走向、事業成敗，只有說好話你才能為自己創造出美好的世界來。

話術點睛

成功學大師戴爾．卡內基曾說：「一個人的成功，僅僅有十五％取決於技術知識，而其餘的八十五％則取決於口才藝術。」可見，一個人能不能取得成功，主要取決於會不會說話，所以，掌握說話的藝術是現代人成功的必備條件之一。

02 語言是一個人綜合素質的體現

你的一生，有一大半的影響，是由於說話藝術。

——卡內基【美國】

語言是隨著人類的出現、為滿足表達和交際的需要而產生的，具有社會性、工具性和符號性，其初始形成就是說話。語言能力是一個人不可或缺的能力，是一個人綜合素質的體現。

古往今來，具有遠見卓識的人都對其給予了高度的重視和評價。「一言可以興邦，一言可以喪邦」、「一言之辯，重於九鼎之寶」、「三寸之舌，強于百萬之師」等古語，更是把國之興亡與舌辯的力量緊密聯繫起來，以「九鼎之寶」、「百萬之師」之喻來表現說話的力量，充分揭示了說話的巨大社會作用。

第二次世界大戰期間，美國人曾經把「舌頭」、原子彈和金錢稱為獲勝的三大戰略武器，進入二十一世紀以後，其又將「舌頭」、金錢和電腦視為經濟發展和社會進步的三大戰略武器。

或許，在這裡舉這個例子來證明語言的重要性顯得有些牽強，但也不是毫無道理的，至少說明了「舌頭」（即話語）在這兩個時代有著非同小可的價值。因此，我們每一個現代人都應清醒地認識到話語的重要性，進而更好地掌握口才這個隨身攜帶、行之有效、戰無不勝、攻無不克的神奇武器。

《論語・里仁》中說，君子「訥於言而敏於行」。如今，這種舊的道德規範似乎不能不受到質疑和重新審視。「敏於行」無可厚非，只要這種行有利於別人和自身的進步，可是「訥於言」卻與現代人際交往明顯不相適應。

能言善語，不僅是宣傳的需要，還是傳授知識、增進人際關係的需要。多數人講話刻板、模式化、冗長、一點都不風趣，甚至在學歷高的人群中這種現象更突出。「我幾乎可以斷定，口語表達能力不足是個普遍性的社會問題。我們的中小學教育集中在書面表達能力的培養上，普遍輕視口語表達能力的鍛鍊。而在現實生活中，謀職、合作、討論、請示彙報、講課、談判、爭論、吵架，以至打官司，都毫不例外地依賴於口語表達。」

美國著名教育專家卡內基非常強調口才的重要性，他說：「假如你的口才好……可以讓人家喜歡你，可以結交好的朋友，可以開闢前程，使你獲得滿意的結果。譬如你是一個律師，你的口才便吸引了一切訴訟的當事人；你是一個店主，你的口才幫助你吸引顧客。有許多人，因為他們善於辭令，因此而擢升了職位……有許多人因此而獲得榮譽，獲得了厚利。你不要以為這是小節，你的一生有很大一部分被說話藝術影響著。」

從一個人的語言中，就可以推測出這個人的性格、文化層次和禮貌修養，你給別人留下的印象，大部分來自語言。因此，能夠體現出一個人綜合素質的語言能力，正是我們日常生活中應當多加鍛鍊的。

話術點睛

一句話讓人跳，一句話讓人笑。

說話能力可以體現一個人的內涵、素質。一個說話講究藝術魅力、講究技巧的人，常常是說理切、舉事賅、擇辭精、喻世明；輕重有度、褒貶有節、進退有餘地、遊刃有空間；可陶冶他人之情操，也可為濟世之良藥；可以體現個人的雄才大略，更能提高個人的社會地位。

因此，一個人能否把話說得有魅力，對其人生的成敗是非常重要的。

03 只有真誠才能換來真誠

真誠貴於珠寶，信實乃人民之珍。

——諺語

真誠，顧名思義就是真實誠懇。諺語有云：「真誠貴於珠寶，信實乃人民之珍。」說話真誠的人，能得到別人的信任。

北宋詞人晏殊素以說話真誠著稱。他十四歲時參加殿試，宋真宗出了一道題讓他做，晏殊看過試題後說：「我十天以前做過這個題目，草稿還在，請陛下另外出個題目吧。」真宗見晏殊這樣真誠，感到他可信，便賜他「同進士出身」。

晏殊在史館任職期間，每逢假日，京城的大小官員常到外面吃喝玩樂。晏殊因為家貧，沒有錢出去，只好在家裡和兄弟們讀書寫文章。有一天，真宗點名要晏殊擔任輔佐太子的東宮官，許多大臣不解。真宗對此解釋說：「近來群臣經常遊玩飲宴，只有晏殊和兄弟們閉門讀書，如此自重謹慎，正是東宮合適的人選。」晏殊向真宗謝恩後說：「我也是個喜歡遊玩飲宴的人，只是家裡窮而已，如果我有錢，也早就參與宴遊了。」真宗聽了，越發讚歎他的真誠，對他更加信任。

由此可見，真誠，不論對說話者還是對聽話者來說，都非常重要。若不真誠待人，等於欺人、愚人，若輕信他人不實之詞，可能會耽誤大事，造成不良後果。

我們與人相處，追求成功，良好的目標和準則應該是為了自己、他人和社會，讓三者均是獲益者。交際的實質是給予和索取。如果屬於精神上的給予，沒有真誠，別人就不可能得到你的給予；如果是物質上的給予，缺乏誠意，對方只能視作恩賜，可能因出於無奈，不得不接受。

現實生活中不乏虛偽之人，他們把社交的技巧看成是矇騙對方並謀取私利的一種手段。歷史上那些打算給正直的君王戴高帽子的奸臣，正是因為偽裝成正人君子、心口如一的樣子，其見不得人的勾當才能得逞。但是，虛偽、偽裝的東西是絕對經不起時間檢驗的，遲早會被識破。所以，一個人若在說話方面染上了這種毛病，也就註定了他失敗的命運。

其實，人的本性是真誠的，而虛假不過是社會對人性的扭曲。現實中，由於經濟與社會地位的高低不同，有些人以追求名利為目的，當達到這一個目的的方式在社交中表現出來時，就造成了虛假。它對被矇騙的一方會造成較大的損害。一個把自我實現目標放在金錢與權勢上的人，虛假幾乎是其痼疾。一個以財與勢作為社交本錢的人，無法獲得別人的真誠，也絕不可能獲得最終的成功。只有真誠待人，才能獲得相應的回報。

話術點睛

一個說話準確的人，總可以準確、流利地表達出自己的意圖，也能夠把道理說得很清楚、動聽，使別人很樂意接受。當然，說話能夠做到雅俗共賞是最理想的，那將使你擁有更多的聽眾。但無論如何，為了和對方更好地交流，應遵循一個原則，就是儘量不說假話，不能讓別人覺得你不真誠。

04 邊看邊說，邊說邊看

人生在世最大的事就是看。成百個說話的人才抵得上一個思想的人，成千個思想的人才抵得上一個看的人。

——羅斯金【英國】

不同的人愛聽不同的談話內容，這是容易理解的。但困難的是你怎麼知道他愛聽什麼、不愛聽什麼呢？這就要「看」人說話——邊「看」邊說，邊說邊「看」。

這裡說的「看」，即是觀察：在與對方談話時，要善於一邊說一邊察言觀色。

「看」對方什麼呢？主要有以下幾個方面：

一、臉部表情

狄德羅曾經說過，一個人的「心靈的每一個活動都表現在他的臉上，刻劃得很清晰，很明顯」。有時對方口頭表示贊同你的意見，但他的眉頭卻不知不覺地緊皺了起來，或者他的嘴唇突然緊閉，而且嘴角向下撇。這些表情恰好是內心不愉快的流露。因此他說的贊同的話其實是言不由衷的，或者礙於情面，或者屈於權勢才不得不這樣說的。

二、體態表情

幾乎每一種體態，每一種動作都是一種特殊的語言，都在宣洩著一個人的內心世界。問題在於我們要能看懂這些體態表情，要能領會它們的內在含義。假如與你談話的人雙腳並立，雙臂交叉在胸前，這就顯示此人對你懷有某種敵意，他在做自我防衛；而當他不僅雙臂交叉，並且雙拳緊握時，那就是說他不只在自我防衛，還準備要向你進攻了。又如，談話者常向你攤開雙手，這就表示此人是真誠坦率的，他對你毫無提防之心。

三、語言表情

與人交談時不但要看他說什麼，而且還要看他怎麼說。這就是要從對方說話聲音的高低、強弱、快慢、腔調等等看出他的言外之意，聽出他的弦外之音。這是因為說話聲音的種種變化不但表現一個人的性格——急性子的人說話節奏快、聲音響亮，慢性子的人說話節奏緩慢、聲音低沉——而且能夠表現出一個人的情緒與心境。例如，人憂傷時語速慢、聲音低、節奏平緩，而人興奮時與之相反，語速快、聲音高、節奏強烈。

所謂「看人說話」，主要是「看」上述三種表情。從這些表情變化中，我們便可隨時猜度對方的心理態勢，透視對方的心理需要，然後也就可以隨時調整自己談話的內容與方式，使之更適應對方的思想線索。這樣，說話便可獲得預期的良好效果。

話術點睛

俗話說，看人下菜碟，與人交流的過程中，一定要隨時觀察對方的反應，否則，你一股腦兒說一堆，對方也不見得就會有所反應。

05 操縱他，就要先全面瞭解他

對自己抱有興趣的人使我們感興趣。

——佚名

現實生活中，無論你是想和上司提出升職加薪的請求，還是想要斥責工作中犯錯的下屬，無論你是想要獲得愛人的原諒，還是希望孩子更專心地學習而非過早地戀愛，只要是想達到自己的目的，就要提前做好準備工作。

比如，你得先瞭解自己的談話對象，並且得盡可能多地瞭解他。但具體應該從哪些方面去瞭解呢？

一、談話背景

先問問你自己，你選擇的談話地點合適嗎？有沒有「隔牆有耳」的危機，因為這樣的話，對方很有可能放不開，因而對你有所隱瞞。

二、對方的年齡

對方是否比你年長？如果是這樣，他可能會感覺自己比你經驗豐富，理所當然要掌控談話的主動權。他是否比你年輕？假如是這樣，他可能會對你有些忌憚，因為他認為你的經驗遠勝過他，也許你會在對話中設下陷阱，所以不相信你等。

三、性別

如果你是一位女性，不妨問問自己，對方是否是位大男人主義者，認為男性天生優越於女性？或者他是否覺得自己可以跟你調情，用自己的個人魅力勾引你？如果你也是一位男性，那就要謹防對方下意識地把你當做對手。

四、國籍、信仰

在現今這個全球化的時代，我們常會跟來自不同國家或不同文化的人打交道，他們對工作有著完全不同的理解。比如，地中海人喜歡在下午的時候放慢工作節奏，如果你要求他在午餐時間加班，結果一定不會皆大歡喜。又比如，有一些宗教信仰者，如果你遣詞造句不恰當就很可能犯了對方的忌諱，惹怒對方。

五、性格

瞭解對方的性格也很重要，他很容易情緒失控，是否很容易相處、性格平和等都會影響你們之間的談話，提前瞭解了，你才能在談話的過程中有的放矢，不至於讓彼此間的交流陷於尷尬的境地。

六、愛好

對方有什麼樣的愛好，即便你沒有這樣的愛好，也可以預先瞭解一番，這樣彼此交流的時候就會有很多共同的話題，比如體育運動、養寵物、看書、看電影等，對方很可能會因此很快將你視為同一個圈子裡的人，對你產生好感，這能讓隨後的談話變得簡單而隨意。

當然，還有其他一些方面也都是你需要提前去瞭解的，這些預先的功課有助於你與對方的交流更順暢地進行下去。說到這裡，你可能會覺得這樣做有點像是先瞭解對方，然後去操縱對方。是的，從某種意義上說，就是操縱，當你摸清對方，進而幫助你得到自己想要的東西，就是在操縱對方，但它同時也是一種非常聰明的交流。你越是能更好地找到與某人的共同點，就會越容易跟對方建立溝通，更容易向對方傳達你想要傳達的資訊。

總而言之，只要摸清對方，並且針對他的性格、人生經歷，圍繞他的興趣點展開討論，你就能很好地將對方納入自己的掌控之中。但是，一定要記住，不可以憑猜測行事，你對他的所有瞭解一定要有依據，否則會適得其反。

話術點睛

要想掌控別人，從別人那裡有所獲取，我們就要善於觀察對方，瞭解他們的興趣和愛好，這樣一來，當你想誘使他與你合作，或者向對方提出什麼要求的時候，就能很容易勾起對方的興趣，讓對方投入盡可能大的精力，你也就能因此很快受益了。

06 用「心理透視法」摸清對方思路

科學能教道理明白，能教人思路清楚，不許鬼混。

——魯迅

心理是生物對客觀物質的主觀反應，而心理學則是研究人心理現象發生、發展和活動規律的一門科學。因此，借心理透視的方法來瞭解對方所想，從中取得更好交流效果的方法是科學的和可取的。

所謂心理透視，就是指在談話之前瞭解對方的心理，知道他們所想、所關注的事情，進而取得突破點，在交談時從對方的心理入手，使對方更容易接受你的觀點和要求。

在與別人交流之前，如果你沒有提前分析你的談話對象，摸清他們的心理狀態，那麼，你們之間的談話很有可能會失敗。

昭興剛被升為經理，老闆讓他組建一支可以承接一項特別任務的團隊：企業需要大力提升一些老產品的銷量，增加當年的財政收入。在這之前，企業的收入主要還是來自這些老產品。接到任務之後，昭興毫不猶豫的立刻從各個部門徵選了十幾名員工，召集他們舉行一場緊急會議。

大家到齊之後，昭興開始發言，他告訴大家自己剛剛接到任務，希望每個人都能抽出時間加班。為了避免引起不必要的誤解，他還對大家說：「這項任務，可能需要大家在隨後的幾個月裡投入更多的時間，但是公司不會支付加班費用。這項任務是光榮的，相信大家對此都不會有異議吧！」昭興以為所有人都會支援自己。雖然他並沒有直接跟這些人共事過，但他覺得大家同在一家公司相處多年，對這一項任務的重要性應該都很清楚。

但大家的反應完全出乎他的預料：他們不僅沒有表現出任何熱情，反而大發牢騷。其中一人對著昭興叫囂：「你不是當經理嗎，這是你們領導階層的事情，跟我們有什麼關係啊？加班？我沒時間，下班後我要回家陪我女兒做功課，沒時間陪你耗！」說完直接甩門而去。其他人也對這項任務興趣缺乏，最後會議不歡而散。

問題到底出在哪呢？其根本原因在於昭興根本不瞭解這群人的工作狀態，而且事先並沒有弄清對方所關心的事情，所以他所傳達的資訊只會引起大家的反感，談話自然只能歸於失敗。

事實也是如此，他剛一說完，就有人點出了其中的問題：加班得不到任何補償，這樣做對自己沒有任何好處，所以大家完全沒有必要為這件事情再多花時間和精力。

由上述案例可知，我們即使平時跟同事比較熟了，一旦被提拔為團隊的領導者，還是需要重新開始。在下達任何指令之前，一定要退後一步，運用心理透視法，分析對方的情況，瞭解他們最在乎的事情是什麼，怎樣才能把他們爭取到跟你同一條戰線上。

問問自己，你怎樣才能幫助他們。雖然他們在為你工作，但你一定要讓他們感覺，你讓他們做的事情對他們自己也有好處，哪怕事實並非如此。

當你深入瞭解了對方的心理，就能夠準確抓住讓對方關注的「點」。談話一開始，你首先必須明確告訴對方這場談話對他們有什麼意義，他們將從這場談話中得到什麼好處。想想看，其實道理非常簡單，人做任何事情都想知道為什麼，自己又能從中獲得什麼好處的，不是嗎？

話術點睛

說話的過程中，透過觀察、試探等，我們可以得知對方的想法，這樣便於我們更好地選擇語言進行溝通，儘量尋求利於雙方的言辭。

07 在陌生人面前演講時，做好前期功課

凡事預則立，不預則廢。

——《禮記・中庸》

設想你是一位為樹立公司形象而演講的老總。在發表演講或者跟任何人握手之前，你的團隊一定要事先派出先遣隊前往演講現場做調查，瞭解聽眾們的基本立場以及他們所關心的問題。這樣當你到達演講現場的時候，你就可以針對大家關心的問題切入你的演講。事實上，有很多種方法都可以幫你做到這一點：

你可以透過郵件或電話方式瞭解聽眾的人數，演講的時間、地點，以及你在整個活

動中的出場時間等，所有這些因素都會影響聽眾對你的接受程度。

跟聽眾近距離接觸如果有可能，一定要事先摸清聽眾群體的具體情況。如果對方人數不多，你可以在會議開始之前跟每個人進行一些簡單的交流，瞭解他們可能會反對什麼，可能會提出什麼問題，以便你提前做好準備。

研究你的聽眾瞭解對方對你所講的話題是否熟悉，他們可能會有什麼成見，他們在這個話題上的知識水準如何。這樣你就可以決定是否要在演講中使用一些專業術語和概念，或者你是否要用簡單的語言，和一些相關的故事來讓演講更簡單易懂，而且瞭解這些資訊還可以說明你確定是否應該教育和說服你的聽眾，或者只是提出簡單的建議。

瞭解他們的興趣，摸清他們當前或以後所關心的問題跟你要講的話題之間有什麼關聯。比如說，如果你希望在企業內部發動一場大的變革，就一定要先瞭解一下整個企業的歷史，摸清你要發動的變革，怎樣才能更加契合企業的現狀。

提前瞭解聽眾中的意見領袖，也就是那些有想法、並喜歡發言的人，瞭解他們是否會咄咄逼人？當他們反駁你的意見時，其背後真正的原因可能是什麼？如果有可能，你也可以提前和大家分頭聊一聊，聽聽他們的意見。這樣做一方面是表示尊重，另一方面也是減少他們反駁你意見的可能性。

如果可以，儘量提前幾個小時到達現場。如果演講地點是在另外一座城市，不妨提前一天到。花點時間瞭解現場情況，確保一切設備都運作正常，比如說麥克風、投影儀等都能符合你的要求。

很多人可能會說，在我人生中當眾演講的機會並不多，這個對我似乎沒用。但如果轉換角度，這跟當我們和一位陌生人交流時，提前做好功課的方法是同樣適用的。正如前面節點所講，你首先必須瞭解對方的各種情況，包括人生經歷，興趣愛好，家庭成員，思想傾向等等，這樣才能在談話中有的放矢，打動他的心。

話術點睛

從語言上來說，無論是當眾演講，還是和陌生人說話時都要通俗易懂。如果聽者不是專家學者，應改用淺顯、平易、樸實的語言，少用專業術語，更不可咬文嚼字，故作高深，否則無異於在難為聽眾。如果聽者是具有較高文化素養的人，語言可以稍微文雅些，讓自己的談吐適合他們的水準。

08 操縱他人，必先控制自己

有些事情本身我們無法控制，只好控制自己。

——金庸

心理學家認為，一個人如果想要操縱別人，那麼他必須先學會控制自己。在利用話語掌控別人時也是一樣，我們必須在與人交流的過程中控制自己不受對方影響，在此基礎上再求以話語掌控對方。

這裡為大家介紹一種方法，心理學上叫做心境轉移。

有一個樂觀的流浪漢從不膜拜上帝，這令上帝很不開心，因為自己的權威受到了挑戰。他死後，為了懲罰他，上帝便把他關在很熱的房間裡，七天後，上帝去看望這位樂觀的流浪漢，看到他非常開心。

上帝便問：「身處如此悶熱的房間七天，難道你一點也不覺得苦？」

樂觀的流浪漢說：「待在這間房子裡，我便想起在公園裡曬太陽，當然十分開心啦！」但上帝不開心，便把這位快樂的流浪漢關在一間寒冷的房間。

七天過去了，上帝看到這位快樂的流浪漢依然很開心，便問他：「這次你為什麼開心呢？」

這位流浪漢回答說：「待在這寒冷的房間，便讓我聯想起耶誕節快到了，這就可以收很多聖誕禮物，能不開心嗎？」

上帝又不開心，便把他關在一間陰暗又潮濕的房間。七天又過去了，流浪漢仍然很高興，這時上帝有點困惑不解，便說：「這次你能說出一個讓我信服的理由，我便不為難你。」

這位快樂的人說：「我是一個足球迷，我喜歡的足球隊很少有機會贏。但有一次贏了，當時就是這樣的天氣。所以每遇到這樣的天氣，我都會高興，因為這會讓我聯想起我喜歡的足球隊贏了。」

上帝無話可說，給了這位流浪漢自由。

在不同的環境中，這位快樂的流浪漢總能找到快樂的事，即使他面臨的是困境，也不會把注意力放到嚴苛的現實——「悶熱的房間」、「寒冷的房間」、「陰暗又潮濕的房間」，而是轉移到與之相關的快樂方面——「在公園曬太陽」、「過耶誕節」、「贏足球的天氣」……快樂總會隨行而至。

流浪漢所用的正是心境轉移法，心境轉移就是有意識地把自己的情緒轉移到另一個方向去，使情緒得以緩解。

與人交流的過程中，如果對方企圖經由故意中傷、侮辱、刺激等，來使我們的情緒受到不良的影響，我們一定不能中了對方的圈套，不能點火就著，更不能以牙還牙、言辭激烈地反駁他，我們可以暫時轉移話題，講一些可以讓自己高興的事情，以此來緩和情緒，直到情緒平穩時再反擊對方一個措手不及，如此一來，對方自然會被我們的言語牢牢掌控了。

話術點睛

在學習話語掌控術之前，我們一定要有個清醒的認知，即想掌控他人，必先學會掌控自己，一定連自己都把握不了，在與人談話時隨便發脾氣，動不動出口傷人的人，是很難在語言上占上風的，切記，切記！

09 優雅的談吐討人喜歡

在造就一個有教養的人的教育中，有一種訓練是必不可少的，那就是，優美而文雅的談吐。

——伊立特【美國】

美國哈佛大學前任校長伊立特說過：「在造就一個有教養的人的教育中，有一種訓練是必不可少的，那就是，關於談吐的訓練。」

善於說話的人，不但能使不相識的人見了他們產生良好的印象，並且能廣結人緣，到處受歡迎。許多人說話的本領不很高明，是因為他們不曾把談話當做一門藝術，不曾在這門藝術上用過工夫。他們不肯多讀書，不肯多思考。他們說話，寧可隨便用粗俗的語句，而不肯「三思」而後言，將自己的意思用文雅、優美的語言表達出來。特別是有許多年輕人，終日只說些沒有意義的閒聞瑣事。面對陌生人，他們這種說話方式肯定會招致別人的反感。

有家父子冬天在鎮上賣便壺（俗稱「夜壺」）。舊時男人夜間或病中臥床小便的用具）。父親在南街賣，兒子在北街賣。不多久，兒子的地攤前有了看貨的人，其中一個看了一會兒，說道：「這便壺大了些。」那兒子馬上接過話說：「大了好呀！裝的尿多。」人們聽了，覺得很不順耳，便轉頭離去。

在南街的父親也遇到了顧客說便壺大的情況。當聽到一個老人自言自語說「這便壺大了些」後，馬上笑著輕聲地接了一句：「大是大了些，可是您想想，冬天夜長啊！」好幾個顧客聽罷，都會意地點了點頭，繼而掏錢買走了便壺。

父子兩人在一個鎮上做同一種生意，結果迥異，差別就在他們的說話技巧上。我們不能說兒子的話說得不對，確實，便壺大裝的尿多，他是實話實說。但不可否認，他的話說得欠水準，粗俗的語言難以入耳，令人聽了很不舒服。

本來，買便壺不俗不醜，但畢竟還有些私密的因素在內。人們可以拿著臉盆、扁擔等大大方方地在街上走，但若拎著個便壺走在街上，就多少有些不自在了。此時，兒子直通通的大實話怎麼能不使買者感到幾分彆扭？而那位父親則算得上是一個高明的推銷商。他先贊同顧客的話「大是大了些」，以認同的態度拉近顧客的距離，然後，又以委婉的話語說「冬天夜長啊」，這句看似離題的話說得實在是好。它無絲毫強賣之嫌，卻又富於啟示性。其潛台詞是：冬天天冷夜長，夜解次數多且又怕冷不願意下床是自然的，便壺大正好派上用場。這設身處地的善意提醒，顧客不難明白。賣者說得在理，顧客買下來也就是很自然的了。兒子一句話搞砸了生意，父親一句話做成了生意，這不正說明了「善講」的重要嗎？

說話講究措辭文雅，態度自然，同時還需讓你的言詞富於同情心，處處顯示你的善意。唯有充滿溫暖、同情的話語，才能夠引起他人的注意。假使你的話是冷淡而寡情的，那是引不起他人注意的。

平時，我們可以選擇各種題目，努力去做優美而精純的談論。常常用清楚、流利、文雅的言詞去表示自己的意思，這是一種良好的訓練。多結交有學問的人，常與他們交談，耳濡目染，自然你也就會說話了。多讀書，也是提高語言藝術的一種好辦法。總之，我們必須時刻具有培養優雅談吐的意識。

話術點睛

優雅不只是一個形容詞，更是一個動詞，是表現出來的。平時，我們在與人說話時，要練習和悅的語調，練習怡人的語速，同時也要注意說有內涵，或者為他人著想、尊重他人、或者充滿關愛與喜悅的語言。

10 轉換角度，以他人為出發點去掌控他

世界上只有想不通的人，沒有走不通的路。

——佚名

富蘭克林在自傳中有這樣一段話：「我在約束自己言行的時候，在使我日趨成熟、日趨合乎情理的時候，我曾經有一張言行約束檢查表。當初那張表上只列著十二項美德，後來，有一位朋友告訴我，我有些驕傲，這種驕傲經常在談話中表現出來，使人覺得盛氣凌人。於是，我立刻注意到這位友人給我的忠告，並且相信這樣足以影響我的發展前途。隨後我在表上特別列上虛心一項，以專門注意我所說的話。現在，我竭力避免

一切直接觸犯或傷害別人情感的話，甚至禁止使用一切確定的詞句，如：『當然』、『一定』等，而用『也許』、『我想』來代替。」

電車模範售票員玉娟不但具有全心全意為乘客服務的熱情，而且還有暖人肺腑的語言。口才，使她說話深深打動乘客的心弦，讓她在平凡的工作崗位上創造了不平凡的業績。她是怎樣工作的呢？

有一天，車上的乘客很多，而這時又上來了一位抱小孩的婦女。於是玉娟跟往常一樣對乘客們說：「哪位乘客可以讓座給這位抱小孩的媽媽。」但她連講兩次，無人回應。

玉娟沒有著急，緩緩地站了起來，用期待的眼光看了看靠窗的幾位年輕人，提高了嗓音：「抱小孩的那位媽媽，請您往裡走，靠窗坐的幾位年輕人都想讓座給您，可是就是沒有看見您。」話音剛落，幾位年輕人都不約而同地站了起來讓座。

這位媽媽坐下以後，光顧喘氣定神，忘記跟讓座的年輕人道謝，年輕人面露不悅的神色。玉娟看在眼裡，心中明白，她忙中偷閒，逗著小孩子說：「小朋友，哥哥讓了座給你，你還不謝謝哥哥。」一語提醒那位婦女，連忙拍著孩子說：「快謝謝哥哥，快謝謝哥哥。」那些年輕人聽到「謝謝哥哥」時，連聲說：「不客氣。」

玉娟的幾句話為什麼產生這麼大的魔力？因為她瞭解人們的自尊心，只有充分理解人們的自尊心，才能把話說到人家的心坎裡。美國著名的哲學家詹姆斯曾經說過：「人類天性的至深本質就是渴求為人所重視。」從某種意義來說，人類正是憑著尋求自尊的激情，才造就了古往今來的千千萬萬的豐功偉績，從古老的長城，到現代的太空船。

我們與人說話，要想收到掌控的效果，就要理解人們的合理需要，愛護人們的自尊心，要做到這一點，我們在談話的時候就要經常注意「轉換角度」，即善於「站在對方的立場上，從對方的觀點來觀察問題，如同用你的觀點一樣」。

話術點睛

與人交流時，不用一味地只想著掌控別人，或者從對方那裡獲取什麼好處。其實，最高明的掌控，是讓他人覺得你在為他著想，進而不知不覺地達到了你的目的。

11 言多必失，言多壞事

言多必有數短之處。

——《鬼谷子・本經符》

任何事物，不管是多麼複雜的現象，多麼深奧的思想，只需抓住它的核心，就相當於找到了一把鑰匙，只要抓到它，就能提綱挈領，一通百通，在與人交往過程中，將會收到「畫龍點睛」的效果。古語說：兵不在多而在精。話也應以「精」為好。《墨子閒話》中記下如下一個故事。

子禽有一次問他的老師墨子：「多言有好處嗎？」

墨子回答說：「青蛙日夜都在叫，弄得口乾舌燥，卻不為人們所愛聽。而晨雞黎明按時啼，天下不都被叫醒了！多言有什麼好處？」事實正是如此。

隋朝時賀若弼任大將軍，但他常常為自己的官位比他人低而怨聲不斷，自認為自己當個宰相也是應該的。不久，還不如他的楊素做了尚書右僕射，而他仍為將軍，未被提拔，他不滿的情緒和怨言便時常流露出來。

後來一些話傳到了皇帝耳朵裡，賀若弼被逮捕下獄。隋文帝楊堅責備他說：「你這個人有三太猛：嫉妒心太猛；自以為是，自以為別人不是的心太猛；隨口胡說目無長官的心太猛。」但因為他有功，不久也就放了。

不過他還沒有吸取教訓，又對其他人誇耀他和皇太子之間的關係，說：「皇太子楊勇跟我之間，情誼親切，連高度的機密也都對我附耳相告，言無不盡。」後來楊勇在隋文帝那裡失勢，楊廣取而代之為皇太子，賀若弼的處境可想而知。

隋文帝得知他又在那裡大放厥詞，就把他召來說：「我用高熲、楊素為宰相，你多次在眾人面前放肆地說『這兩個人只會吃飯，什麼也不會做』，這是什麼意思？言外之意，是我這個皇帝也是廢物不成？」

賀若弼回答說：「高熲是我的老朋友，楊素是我舅舅的兒子，我瞭解他們，我也確實說過他們不適合擔當宰相的話。」這時因他言語不慎，得罪了不少人，朝中一些公卿大臣們怕受株連，都揭發他過去說的那些對朝廷不滿的話，並聲稱他罪當處死。

隋文帝對賀若弼說：「大臣們對你都十分的厭煩，要求嚴格執行法度，你自己尋思可有活命的道理？」

賀若弼辯解說：「我曾憑陛下神威，率八千兵馬渡長江活捉了陳叔寶，希望能看在過去功勞的分上，給我留條活命吧！」

隋文帝說：「你將出征陳國時，對高熲說：『陳叔寶被削平，問題是我們這些功臣會不會飛鳥盡，良弓藏？』高熲對你說：『我向你保證，皇上絕對不會這樣。』是吧？等到消滅了陳叔寶，你就要求當內史，又要求當僕射。這一切功勞過去我已格外重賞了，何必再提呢？」賀若弼說：「我確實蒙受陛下格外的重賞，今天還希望格外的賞我活命。」此時他再也不攻擊別人。

隋文帝考慮了一些日子，念他勞苦功高，只將他削職為民。

賀若弼因言多而壞事，我們在現實交流過程中一定要引以為戒，千萬要忍住那些不該講的話，否則不僅無法達到掌控別人獲取利益的效果，還有可能招致不必要的禍端，真要如此就得不償失了。

總而言之，我們要想用話語掌控別人，就要先明白「言多必失，言多壞事」的道理，然後，在少言精言的基礎上想方設法掌控別人。

話術點睛

平時，我們要想說話少出差錯，就要做到：一是多聽少說；二是絕不輕言他人是非，三是話不說死，給彼此留有餘地。總之，需要我們時時修練，管好自己的嘴巴，避免言不由衷，言不及義，弄巧成拙，禍從口出！

12 話到嘴邊，你要留下哪半句

話到嘴邊留半句。

——《增廣賢文》

生活中，總有很多說話很直的人，他人往往是刀子嘴、豆腐心，卻很容易給別人帶來隱形的傷害，因此，為了避免傷害他人，為了更好地讚美他人或是為了得到別人的幫助時，我們必須將要表達之意寓於其他話語中，而不能做所謂的「直腸子」，結果事情弄得一團糟。所以，要想用話語掌控別人就要懂得話到嘴邊留半句。那麼，話到嘴邊，應該留下哪「半句」呢？

一、別肆無忌憚地說出你自以為是的想法

生活中，我們接觸的資訊都是有限的，同時也喜歡根據有限的資訊去判斷並形成想法，在資訊殘缺不全時，就會形成偏見。感情和情緒的作用又會加深這些偏見，正如索羅斯說：「我們對世界的所有認知都有缺陷，因為我們無法透過沒有折射作用的稜鏡看待這個世界。」

那麼，我們怎樣才能避免這些偏見，進而讓自己的表達被人接受呢？其實，我們看看那些領導人的表現就知道了，你看經驗豐富的領導人，當別人進行討論時，他們都是一言不發地坐在那裡，等大家把想說的話都說完了，他接著發表意見，一般都會語驚四座，讓大家覺得自愧不如。

其實，他們沉默時，並不是沒有想法，只是隱忍不言，而當聽完別人的討論後，他就掌握了每個人的想法，也掌握了最全面的資訊，才會做出最客觀的判斷和最理智的決策。這就是我們要借鑑的方法，即要充分掌握資訊，再去發言，而不是搶著說那些自以為是的意見和想法。

二、不可輕易洩漏你心底的隱私和祕密

隱私和祕密，很容易暴露自己的意圖和弱點。也許，你會說自己只會對朋友說出隱私和祕密，其實這也是非常危險的，要知道，對方可能是你的朋友，但他的朋友的朋友卻很可能是你的對手。

世上有一些人，敢說就敢做，敢做就敢當，沒有什麼隱私，也不怕受傷害，「事無不可對人言」。但仔細想想，這種人都是遍體鱗傷的英雄，而且在人群中也是鳳毛麟角。普通人中十個大概有九個不敢自認是這種人，也沒有「打落牙齒和血吞」的心理準備，所以話到嘴邊，留下這要命的半句是非常有必要的。

三、不發沒有價值的牢騷

佛家有云，我們生活在一個娑婆世界裡，生活本來就有很多不如意的事，你到哪裡去找一個圓滿的世界？已經吃到肚子裡的東西，無論米穀糟糠，總是要自行消化的，豈能吐出來讓別人心情難受？牢騷通常沒有價值，只有一種例外：你想讓某人知道你的想法，卻不便當面說，想讓眼前這個喜歡多嘴饒舌的人帶話過去。

四、不要對別人做出不恰當的批評和指責

這裡，我們用了「不恰當」，而不是「錯誤」一詞，意在告訴大家，不恰當不僅僅

包括對方應該批評，還包括你可能誤會了你的批評對象，這樣的批評和指責只會毀了你們之間的關係。當然，假如對方確有挨批評的理由，是否批評他，還得三思。你要想想這樣做，是否對他確有幫助？是否會加深誤會？另外，如果對方已經意識到了自己的錯誤，並有改正的傾向，就沒有必要對他進行嚴厲的指責了。

當你確定批評他是必須而且有用的，那就點到為止，把多餘的話吞回去，給他留個面子。你也許有幸挨過一些上司的批評，那些被你認為是有涵養的上司，總是不好意思地說那麼一句半句，好像很難為情似的。正因為這樣，給你的印象反而更為深刻。

五、不說那些不著邊際的話

如果只是為了說話而說話，把東家長西家短統統搬出來當話題，講完了也不知道自己到底說了什麼，這無疑是廢話，浪費時間不說，又會讓別人覺得你是個無聊的人。這種情況下，又何必要說？

總之，大家說話時一定要留個心眼，別圖了嘴巴的一時痛快，給自己的人際關係留下隱患。

話術點睛

俗語說：「逢人只說三分話」，還有七分話，要爛在自己肚子裡，實在不必對他人和盤托出，將來在大家碰面成對手時，給自己留有餘地。同時，也讓自己在他人心中保有神祕感，保持權威性和威懾力。

PART 2

不說你想說的，說對方想聽的

01 根據現代人記憶特點組織語言

哪裡沒有興趣，哪裡就沒有記憶。
——歌德【德國】

現在，我們正生活在一個喧囂而浮躁的年代，和他人交往談話時，很少有人是用心在聽、在理解你說的每句話，以及你每句話裡傳達的每一個資訊。一般來說你剛說完不到半個小時，他們可能就已忘得一乾二淨。

事實上，我們很可能也是「健忘」一族的成員，隨著工作和生活之間的界限變得越來越模糊，情況也變得越來越糟糕，我們也許會在走到某個地點之後突然忘記自己為什麼要來這裡，回頭想想，你是不是也曾有過類似的感覺呢？

之所以會出現這種情況，其中一個主要原因就在於，人們總是希望在一份檔案或一次談話中加入越來越多的資訊，卻根本沒有任何真正的重點或主題，但又希望自己的談話對象能夠記住所有這些資訊。事實上，除非你能夠更加嫻熟地組織語言，讓你所傳達的資訊能夠在幾個小時、幾週、甚至幾個月之後仍然能讓對方時時記起，否則你的談話可能只是白費心機。

人的短期記憶到底能有多差勁？情況可能比你想得糟糕很多。

人們的大腦除了短期記憶差之外，還有另外一個特點：當他們沒聽到或沒能完全理解你所說的事情時，他們就會在大腦中按照自己的方式來理解你所傳達的資訊，創建新的版本。這也就意味著，如果你組織話語的方式不夠科學，那麼你所傳達的資訊就很可能會被扭曲，和你的原意會大相徑庭。

那有方法解決這個問題嗎？答案是：有。只要按照以下幾個簡單的規則來組織話語，你就可以大大提高你的資訊在對方大腦中生根的機率：

一、說話開門見山

談話開始的最初三十秒決定一切，所以你需要利用這三十秒抓住對方的注意力。要用一種吸引人，甚至是幽默的方式來引出你要傳達的主題，比如用個小故事等，最好的選擇是用一些跟對方個人相關的資訊開頭，千萬不要用笑話，那樣很可能會把對方的思緒引到別的地方。

同時，大多數人一般都會記得你告訴他的第一件和最後一件事，所以在談話的開頭和結尾的內容上要下更多的工夫。

二、用生動形象的語言描繪你的資訊

儘量用圖畫的方式或話語來傳達你的資訊，讓對方在大腦中勾勒出一幅你所描繪的圖景，那樣他們的記憶就會更加深刻。

三、一定要確保你所說的內容跟你的談話對象切身相關

同時，要保持跟對方互動。你可以透過問答或其他方式激發對方思考，跟對方保持互動，互動越是強烈，對方就越容易記住你所傳達的資訊。

四、用最簡短的語言來表達你的思想

無論是對一個人還是對一個群體，你的話語都應該切中要害，簡明精要，每句話都應當傳達一條清晰的資訊。越是重要的資訊，越要放在最前面。尤其是在一些非正式的溝通場合（比如在電梯或大廳裡）更是如此，因為你的談話隨時可能被迫中斷。同時，千萬不要動不動就大談抽象概念，除非你的聽眾需要而且想要聽到它們。要多用名詞和動詞，少用形容詞。

話術點睛

生活中，我們應該多培養思維能力，公眾場合說話注意思維縝密條理，平常生活多加注意表達一個問題一個交代，不要模糊問題的中心。

02 讓你的右腦「資訊地圖」來輔助左腦

思維的貧乏決定了行為的貧乏。

——趙林

在暢銷書《一個全新的大腦：為什麼右腦人將會統治未來》中，作者寫道，在過去幾年中，整個世界都在從線性思維向所謂的「概念時代」轉變，這說明了，那些「圖畫型」思考者，那些擁有右腦式思維的人將會決定人類的未來。

你可能要問了，這跟我們要講的主題有什麼關係呢？

一般來說，傳統上人們主要是用左腦來組織語言、傳達資訊，他們首先會列出一個詳細的框架，然後會用各種事例和數位來證明自己的觀點。這種思維方式在列購物清單或安排活動時非常有用，但它卻很難傳達那些比較複雜的資訊。這時我們就需要一種完全不同的思路，也就是我們所說的右腦式思維。

在繼續下面的內容之前，我們首先要瞭解一下右腦思維和左腦思維。

左腦思維者往往都比較講邏輯，重細節和事實性資訊，這種人比較講究次序和實用性，他們通常都是「數學和科學型」人才。右腦思維者則比較聽從直覺，他們喜歡畫面感較強的資訊，重視字眼的含義勝過字眼本身，喜歡動用想像力，往往比較衝動，這種人通常都是「哲學和宗教型」人才。

大多數人都屬於其中一種思維方式者，但有些人也能同時顧及兩種思維方式。網路上曾經流行過一個測試遊戲。螢幕上是一個在螢幕上不停旋轉的舞者，如果你感覺她是在順時針旋轉，你就屬於「右腦思維者」，而如果你感覺她是在逆時針旋轉，則你會被認為是「左腦思維者」。

很多人都既能看到她在逆時針旋轉，又能看到她在順時針旋轉。這也就是說，即便你屬於左腦思維者，你也可以透過有意識的訓練，用右腦思維者的方式看問題。

在我們的傳統觀念中，左腦掌管著語言功能，能夠用語言來處理訊息，把進入腦內看到、聽到、觸到、嗅到及嘗到的訊息轉換成語言來傳達。而擁有了發達的左腦，也就擁有了優秀的語言能力。實際上，這種想法是片面的。因為在人的交談過程中，不僅要用到語言，還要包含大量的實用資訊，而右腦的「資訊地圖」可以很好地說明你進行資訊的傳達。

所謂「資訊地圖」，本質上是一種非常右腦式的資訊組織方式。它能幫你透過頭腦風暴的方式找到最適當的字眼，還可以幫你用一種非常左腦的方式來合理組織這些字眼。

「資訊地圖」又叫做「簇式思維」，它可以幫助你一眼看明白你所要傳達的資訊，無論它們是寫在一張紙上、黑板上，還是寫在牆上的表格裡。這種思維方式可以極大地激發我們的創造性。

在工作還是生活中，只要你需要傳達一些比較複雜的資訊，需要在開口之前列出你所要講的內容，它都可以說明你輔助左腦思維，並加深記憶。

話術點睛

溜冰、打保齡球、游泳等運動都能有效地鍛鍊右腦，同時在日常生活中多花一點心思感受一下事物的顏色和味道同樣有助於右腦功能的發展。

透過鍛鍊右腦的方法來幫助自己思維和記憶，有助於提升語言交流的能力，所以，我們在生活中應當注意提高這一方面的技能。

03 選擇面對面直接溝通，還是其他間接方式

它是所有流程的相互作用。它需要無數的直接溝通，它需要更多的傾聽而不是侃侃而談，它是一種持續的互動過程，目的在於創造共識。

——傑克・韋爾奇【美國】

面對面溝通，顧名思義就是交流雙方（或多方）直接地、面對面地就交流內容進行溝通。日常生活中，大到每日電視、廣播和報紙報導的國際國內各類談判，小到推銷員上門推銷，售貨員向顧客介紹商品，顧客與小商販的討價還價等，這些都屬於面對面溝通。

面對面溝通無論是圍坐在談判桌旁，還是隨便坐在一起，或是站在櫃檯兩旁，甚至邊走邊談，只要是面對面交流，各方總是可以直接對話，而且各方均能直接觀察對方的儀表、手勢、表情和態度，正是這些構成了面對面溝通獨具的優勢。

一般來說，凡是正規的談話、重要的談判、高規格的洽談，都應該面對面溝通。這主要是因為面對面溝通方式具有以下優點：

一、靈活性較大

交流各方可以根據交流過程中出現的具體情況，及時、靈活地調整計劃和策略。

二、方式較規範

交流各方面對面交流，可以形成正規的交流氣氛，使每個參加交流的人產生一種開始正式溝通的心境，很快進入溝通角色。

三、交流內容比較深入細緻

面對面溝通方式，便於交流各方就某些關鍵問題或者難點進行反覆溝通，進而使溝通的內容更加深入、細緻，溝通的目標更容易達成。

四、有利於建立長久的關係

由於面對面溝通方式是由雙方或多方直接接觸進行的，彼此面對面的溝通容易產生感情，進而建立了一種比較長久的關係。除了商務洽談，私人之間進行面對面的交流也有利於彼此將心思打開，建立更親密的關係。

另外，雖然面對面溝通是最古老、最廣泛、最經常使用的溝通方式，具有較多的優點，但是面對面溝通方式的缺點也是存在的，比如有些難以啟齒或者不便當面講的話，就不能透過此方式進行交流。又比如喜怒形於色的人，因為很難掌控自己的情緒，很多時候不便面對面溝通，為了避免壞事，可以選擇電話溝通或者郵件等方式。

總是，是選擇面對面溝通還是其他方式，最好是根據情況，哪種有利、哪種便於掌控就選用哪種。

話術點睛

選擇面對面溝通時候，一定要注意觀察對方的表情、態度等，千萬不要只顧說自己的。此外，當溝通沒有效果或者太過頻繁時，也要考慮利用其他方式，以便收到更好的交流成效。

04 瞭解他人的需要，給對方製造說話的機會

上帝給我們兩隻耳朵，一張嘴巴。就是要我們多聽少講。傾聽有雙重的好處：不但得到有用的消息，還使別人覺得重要。

——玫琳凱【美國】

在生活和工作中，許多人為了糾正別人的意見，往往絮絮叨叨個沒完沒了，不給對方說話的機會。對此，溝通交際大師哈默・艾略特認為，你不如讓對方暢所欲言，因為每個人對關於自己的問題一定比別人知道得多，所以不如多給他人說話的機會，聽聽他的看法。

當你對他人的看法不贊同時，你也不應該阻止他說話，因為即使你這樣做了，也不會收到什麼好的效果。當他人還有許多意見要發表的時候，他通常是不會注意你的。這時你應該做的就是忍耐一點，認真聽取他人講話，並鼓勵對方徹底說出自己的意見。在溝通中如果能多給對方一些說話的機會，往往能帶來雙贏的結局。

幾年前，美國通用汽車公司正在聯繫採購全年度生產所需的坐墊布。三家有名的生產廠商已經做好坐墊布樣品，並接受了通用汽車公司的檢驗。隨後，通用公司發出通知給各廠，讓各廠的代表作最後一次的競爭。

其中一個廠商代表萊恩先生參加這次競爭時，他正患有嚴重的咽喉炎。萊恩先生說：「當時，我嗓子啞得嚴重，幾乎不能說話。我與該公司的總經理、紡織工程師、採購經理、推銷主任面談時，大家都坐在一起，當我站起身來想努力說話時，卻只能發出沙啞的聲音。所以我只好在本上給他們寫了一句話：諸位，很抱歉，我嗓子啞了，不能說話。」

「我替你說吧，」汽車公司經理說。

後來他真那樣做了。他幫萊恩展出他帶來的樣品，並講述它們的優點，這引起了在座其他人極大的關注。那位經理在發言中一直站在萊恩的立場說話，萊恩在他旁邊只是用微笑點頭及一些手勢來表達自己的觀點。

令人意想不到的是，萊恩最後居然得到了那筆合同，他們向他開出了五十萬碼的坐墊布，價值一百六十萬美元的訂單。這是萊恩有史以來得到的最大的訂單。

萊恩知道，要不是他實在不能說話，他很可能會失去這筆訂單。經過這次經歷，他發現：讓他人說話有時更有價值。

福特是一家電氣公司的銷售員。有一天，他來到一個生活比較富裕的村中作考察。「為什麼他們不使用電？」當他經過一家整潔的農家時，他不解的向該區代表問道。「他們都是吝嗇鬼，別指望賣給他們任何東西。」區代表答道，「他們對公司不感興趣。我已經試過多次，真是無藥可救。」

儘管他這麼說，但不試一試福特仍不甘心，他走過去敲了一戶農家的門。門只開了一條小縫，一位老婦人探出頭來。

福特先生講述道：她一看見我們身上的公司制服，臉上立刻露出很厭煩的神情。我說：「您好，夫人。打攪您了，十分抱歉。我們不是來推銷東西的，我們打算向您買一些雞蛋。」

她探出頭來懷疑地望著我們。

「我發現妳有一群很好的七彩山雞，」我說，「現在我想買一些新鮮雞蛋。」

「你怎麼知道我的雞是七彩山雞？」她的好奇心似乎被激發起來。

「我也有養雞，」我回答說：「但我敢說，我從沒見過比這更好的七彩山雞了。」

「那你為什麼不用自己的雞蛋？」她仍心存疑慮。

「我的來亨雞下的是白蛋。妳是烹調的行家，自然知道在做蛋糕時，白蛋不能跟紅蛋相比。為此，我的夫人總在我面前以她所做的蛋糕自豪。」這時，她終於放心地走了出來，態度溫和多了。

我環顧四周，發現農場中有一個很好的奶牛棚子。

「夫人，」我接著說：「我敢打賭，用妳的雞賺的錢，一定比妳丈夫用奶牛賺的錢還要多。」嘿！她一聽高興極了！當然是她賺得多，她聽我如此說了之後更加高興，但可惜她固執的丈夫並不承認這一點。

在她帶我們參觀雞舍的時候，我留意了幾種她十分得意自己製造的小設備，並向她請教了一些食料及餵養知識，我們在這方面談了很長的時間。

最後，她說她幾位鄰居在他們的雞舍裡裝上電燈，據說效果很好。她徵求我的意見，她是否應該採取這種辦法……

兩星期以後，這位夫人的七彩山雞終於也見到了燈光，牠們在燈光的助長下愉快成長。我如願得到了我的訂單，她也能得到更多的雞蛋。這的確是一個雙贏的結局。

英國著名的報業大亨康納德・布萊克說過：「實際上，所有人在心底都重視自己，喜歡談論自己，他們可不願聽你嘮嘮叨叨地在那兒自吹自擂。在現實生活中，這正是我們需要注意的。在交談溝通的過程中，我們要多給對方製造說話的機會，鼓勵別人暢所欲言，切忌自己喋喋不休地自吹自擂。只有這樣，才能實現溝通雙贏的結局。

話術點睛

鼓勵別人說話，為別人多製造說話機會，能說明我們獲取別人的好感。而且，也便於我們瞭解對方的想法，實在是一舉兩得。

05 語露同情，對方才會覺得你是「同一國」的

應當善於同情，而不是善於嚴懲。

——羅佐夫【俄羅斯】

有時候，會有一些遭遇不幸的人主動找你交談，他們只是想從你那裡得到同情或者安慰。你不應該厭惡他、遠離他，而應主動去同情他、理解他，並且在言語之間將你的同情與理解表達出來。

其實，不光是這些人需要你的同情，很多成功人士也是需要同情。他們不是生來就成功的，也是經歷了很多很多的艱難和困苦才有了現在的成就，在交流的過程中，你應

該表達對他們所遇挫折等的同情和理解，如此一來，他們才會覺得你是「同一國」的，進而對你產生好感。有人說，在我們將遇見的人中，有四分之三都渴望得到同情，給他們同情，才能得到他們的愛。

胡洛克可能是美國最有成就的音樂經紀人。多年來，他一直跟那些世界聞名的藝術家有來往。胡洛克先生說，與這些脾氣暴躁的明星們接觸，所學到的第一件事就是必須同情，對他們那種荒謬的怪癖更是要同情。

他曾擔任夏里亞賓的經紀人達三年之久——夏里亞賓是最偉大的男低音之一，曾風靡大都會歌劇院。然而，他卻一直是個「問題人物」。他像一個被寵壞的小孩，以胡洛克先生的特別用語來說：「他是個各方面都讓人頭痛的傢伙。」

例如，夏里亞賓會在他演唱的那天中午，打電話給胡洛克先生說：「胡洛克先生，我覺得很不舒服。我的喉嚨像一塊生的碎牛肉餅，今晚我不能上台演唱了。」

胡洛克先生是否立刻就和他吵了起來?哦，沒有。他知道一個經紀人不能以這種方式對待藝術家。於是，他馬上趕到夏里亞賓的旅館，表現得十分同情。

「多可憐呀，」他極其憂傷地說，「多可憐！我可憐的朋友。當然，你不能演唱，我立刻就把這場演唱會取消。這只不過使你損失一、兩千元而已，但跟你的名譽比較起來，根本算不了什麼。」

這時，夏里亞賓就會嘆一口氣說：「也許，你最好下午再過來一次。五點鐘的時候來吧！看看我怎麼樣。」

到了下午五點鐘，胡洛克先生又趕到他的旅館去，仍然是一副十分同情的姿態。他會再度堅持取消演唱，夏里亞賓又會再度嘆口氣說：「哦！也許你最好待會兒再來看看我。我那時可能好一點了。」

到了七點三十分，這位偉大的男低音答應登台演唱了，他要求胡洛克先生先上大都會的舞台宣佈說，夏里亞賓患了重傷風，嗓子不太好。胡洛克先生就撒謊說他會照辦，因為他知道，這是使這位偉大而脾氣怪的男低音走上舞台的唯一辦法。

這就是語露同情的力量。

亞瑟・蓋茲博士在他那本精采的《教育心理學》中說：「所有的人類都渴望得到同情……從某種觀點來看，為真實或想像的不幸而『自憐』，實際上是一種世界性的現象。」因此，給別人以同情吧，這將是你獲得他人喜歡，進入用話語掌控對方的有效方法之一。只有與他人形成一種友好的關係，才能夠更加自如地進行交談和掌控。

話術點睛

交流的過程中，要讓對方感覺你和他屬於同一陣線，而非兩個陣營，這樣他會更加信任你，也就更願意對你推心置腹了。

06 話序決定效果，逆耳的話一定要先說

忠臣挾難進之術，吐逆耳之言。

——《三國志》

在與人交談時，也許很多人都會認為兩句話先說哪一句都無妨，可是事實卻恰好相反，改變說話的順序，對別人的心理影響大不相同，這就是心理學上的冷熱水效應。同樣的，在我們的生活中，你也會發現別人試圖透過冷熱水效應操縱你，這個時候，你該怎麼辦？

先用冷水降溫，再用溫水感化。你的感覺準確嗎？不妨做一個實驗：

準備三杯水，一杯冷水，一杯熱水，還有一杯溫水。先將手放在冷水中，再放到溫水中，你會感到溫水很熱；但是如果你先將手放在熱水中，再伸入溫水中，就會到溫水很涼。同一杯溫水，溫度並沒有發生變化，卻怎麼出現了兩種不同的感覺呢？這種奇妙的現象就是冷熱水效應。

這種現象的出現，是因為人人心裡都有一桿秤，只不過是秤砣並不一致，也不固定。隨著心理的變化，秤砣也在變化。當秤砣變小時，它所稱出的物體重量就大，當秤砣變大時，它所稱出的物體重量就小。人們對事物的感知，就是受這秤砣的影響。

魯迅先生的老師曾經說過：「若是有人提議在房子牆壁上開個窗口，勢必會遭到世人的否決，窗口必定開不成。可是若是提議把房頂直接掀掉，世人則會回應退讓，贊成開個窗口。」這位老師的精闢闡述，談的就是運用冷熱水效應去促使對方贊成。當提議「把房頂直接掀掉」時，對方心中的「秤砣」就變小了，對於「牆壁上開個視窗」這個挽勸方針，就會順遂承諾了。冷熱水效應可以用來挽勸他人，若是你想讓對方接管「一盆溫水」，為了不使他拒絕，不妨先讓他試試「冷水」的滋味，再將「溫水」端上，如此他就會欣然接管了。

某化妝品公司的嚴經理，因工作上的需要，決定讓家居市區的推銷員小王去近郊區的分公司工作。

在找小王談話時，嚴經理說：「公司研究後決定讓你去擔任新的主要工作。一共有兩個處所，你任選一個。一個是在遠郊的分公司，一個是在近郊的分公司。」

小王雖然不願離開已經十分熟悉的市區，但也只好在遠郊區和近郊區旁邊選擇一個稍好點的——近郊區。而小王的選擇，恰好與公司的放置不約而合。而且，嚴經理並沒有多費唇舌，小王也認為自己選擇了一項理想的工作崗位，雙方對勁，問題解決。

在這個事例中，「遠郊區」的呈現，縮小了小王心中的「秤砣」，進而使小王順遂地接受去近郊區工作。嚴司理的這種做法，雖然給人一種玩弄權謀的感受，但若是是從公司和小王的發展考慮，這種做法也是對的。

一次，一架客機即將著陸時，機上乘客突然被通知，因為機場擁擠飛機無法下降，預估到達時刻會延誤一個小時。馬上，機艙裡一片埋怨之聲，乘客們在期待著這難熬的時刻過去。幾分鐘後，空服員說，再過三十分鐘，飛機就會平安下降，乘客們如釋重負地鬆了一口氣。又過了五分鐘，廣播裡說，此刻飛機就要下降了。

雖然晚了十幾分鐘，此時乘客們卻喜出望外，紛紛拍手相慶。

在這個事例中，機組人員無意之中運用了冷熱水效應，首先使乘客心中的「秤砣」變小，當飛機下降時，對誤點這個事實，乘客們不但不厭惡，反而異常興奮了。

生活中和這種情況相似的例子有很多，比如對於飯店服務員來說，客人會催問菜做好需要幾分鐘，如果服務員說的時間比實際情況長了，那麼上菜時客人會感到喜出望外；相反的，如果服務員說的時間比實際情況短，客人會容易感到失望甚至是發火。所以，聰明的服務員不會把時間說的短一些，寧可先讓客人有一點小失望，也不願意菜沒按時上來，讓客人發更大的脾氣。

人在處世上，難免有不小心傷害他人的時候，也難免有需要對他人進行批評指責的時候，在這些時候，假若處理不當，就會降低自己在他人心目中的形象。如果巧妙運用冷熱水效應去操縱對方心理，就不但不會降低自己的形象，反而會獲得他人一個好的評價。比如，當不小心傷害他人的時候，道歉不妨超過應有的限度，這樣不但可以顯示出你的誠意，而且會收到化干戈為玉帛的效果；當要說令人不快的話語時，不妨事先聲明，這樣就不會引起他人的反感，使他人體會到你的用心良苦。

這些運用冷熱水效應的舉動，實質上就是先經過一、二處「伏筆」，使對方心中的「秤砣」變小，這樣一來，它「稱出的物體重量」也就大了。

話術點睛

生活中有很多情況都可以使用冷熱水效應，先把不好的情況告訴對方，然後再說出好的情況，對方就會感到高興，化消極為積極的情緒了。說話的順序，哪句在前，哪句在後，也是有學問的。一定要根據實際情況對語序進行適當調整，以使對方以比較好的情緒與你溝通。

07 熟諳慢的智慧，說話切勿操之過急

緩慢就是穩妥。

——托・德雷克斯【英國】

用語言操縱別人時，要學會把握節奏，不要一開始就暴露你的意圖，否則只會引起別人的反感。

有人做過這樣一個實驗，將鍋裡盛滿涼水，然後放進去一隻青蛙。青蛙在水中歡快地游著，絲毫不介意環境的變化。這時，再把鍋慢慢加熱，青蛙對一點點變溫的水毫無感覺。慢慢地，溫水變成了熱水，青蛙感到了危險，想要從水中跳出來，但為時已晚，

因為牠已經快被煮熟了！

青蛙之所以快被煮熟也不跳出來，並不是因為青蛙本身的遲鈍，事實上，如果將一隻青蛙突然扔進熱水中，青蛙會馬上一躍而起，逃離危險。青蛙對眼前的危險看得一清二楚，但對還沒到來的危機卻置之不理，這就是青蛙法則。在與人說話時，我們也可以借用這個溫水煮青蛙的智慧，用溫和緩慢，又絲絲入扣的語言邏輯，網羅住你要掌控對象的心。

以商店的售貨員為例，當顧客選購衣服時，精明的售貨員不會看到顧客就緊隨其後，喋喋不休地一件件介紹客戶摸過的所有商品，而是給客戶充足的時間，去挑選，去試穿。他們的話一般都不多，但非常有分量，這樣才能操縱顧客的購買欲。

試想，如果售貨員把商品所有的優點都列舉出來的話，勢必導致說出沒必要的廢話，反而會引起不信任。而且懷疑和猶豫可能出現並反覆發生在顧客購物的各個階段，包括在購物以後，如果售貨員針對其中的一個或幾個說一些有分量的話，那麼會令人信服得多。

當然，如果對商品的部分重要優點沒有點到並強調，只是讓顧客回家後自己去瞭解的話，這樣只會改善購物行為的後效應，而不會產生任何副作用，也不會影響銷售效果。需要強調的是，「有分量」並非是把話說得絕對、武斷。這種口氣會使得顧客產生心理上的防禦反應，比如，顧客把話說了一半就突然離去。或者不加反駁地聽售貨員說話，然後堅定地拒絕購買。

不管是商業推銷過程中如此，在其他時候，只要你想要語言掌控別人，就要懂得「慢」的智慧，慢慢來，一步步掌控對方，具體有以下幾個技巧：

一、多用肯定句，少用否定句

肯定句與否定句意義恰好相反，不能隨便亂用，但如果運用得巧妙，肯定句可以代替否定句，而且效果更好。

二、避免命令式，多用請求式

命令式的語句是說者單方面的意思，沒有徵求別人的意見就強迫別人照著做；而請求式的語句，則是以尊重對方的態度，請求別人去做。

三、言詞生動，語氣委婉

讓對方覺得你是尊重和理解他的。

總而言之，做任何事都要一步一步來，切勿操之過急。只要這樣做，就可以溫水「煮」對方，使他任你操縱，難以脫逃。

話術點睛

說話的過程中，不要給別人急躁感，否則，對方會覺得你很急，是不是有什麼隱情，以致於對你有所保留。

08 別苛求全部，每次讓對方吸收一點就好

要循序漸進！我走過的道路，就是一條循序漸進的道路。
——華羅庚

聚沙成塔，積水成海，用語言掌控別人也是一個不斷累積的過程，我們不可能透過一次談話，就和對方成為知己，特別是在現代社會，金錢、慾望、權力等等讓人與人之間的心靈漸漸疏遠，這時，想要一次性虜獲別人又談何容易。因此，我們在每次與人交談時，只是讓對方吸收一點點就足夠了，這樣，你的語言掌控力會在無形中逐漸增加。

有一次，菲力浦先生參加一場有關法國文化的演講，演講人準備了很多資料，只可

惜他的口才只算是「還可以」的級別，一些缺乏鑑賞力的聽眾根本無法真正欣賞。

聽完後，菲力浦先生覺得自己很有收穫，他覺得認識了一、兩位以前「素昧平生」的法國藝術家，如果不是來聽這場演講，恐怕自己這輩子還不曉得他們的尊姓大名呢！

走出演講廳，當菲力浦先生還兀自沉浸在法語那美妙而悲愴的詩句中時，有一位不太熟識的女性朋友氣呼呼地走到他身旁，對他說：「真是後悔來聽這樣的演講，演說者組織力太差，東一段西一段，早知道他口才這麼差，我就不來了。」

菲力浦先生尊重她的看法，但看她怨恨難平的樣子，忍不住問她：「往好處想，聽了兩個小時，難道妳一點收穫也沒有嗎？」

「嗯……有啦，欣賞了幾段影片，也聽了一些詩，雖然我不懂西班牙文，但是覺得詩歌和音樂都蠻美的。」

「如果把它量化，你可以吸收的是百分之多少呢？」

「百分之十吧！」

菲力浦先生笑了，「從前有個演說家前輩告訴我，他說，一個成功的演說家，也不可能讓聽眾百分之百接受或記住他的理念，只要聽眾能夠吸收到百分之五的意義，他就算成功，聽眾也算有所收穫了，所以你的收穫比標準還多了一倍呢！」

對方也笑了：「另外的百分之九十五呢？」

「另外百分之九十五的力氣，演說家將它花在讓聽眾不睡著上頭。把演講弄得有趣、動聽是個高深的學問，但能夠做到這一點的演講者並不多。有個妙招可以應付：我們只好自己花力氣不讓自己睡著。妳說呢？」

「哈哈哈，你說得對。」

這個故事是站在聽眾的角度，來闡釋了我們每次說話受眾可能接受的程度，確實，這個世上，幽默、能吸引人從頭聽到尾的演說家少之又少，即使是那些最高明的演說家，也很難經由一次演講，就讓他的理念和觀點深入你心，何況是普通人。所以，我們不要強求一次就能完全用語言征服他人，只要我們能在各種交流中自得其樂就好。我們沒有必要渴求聽者對他們的話百分百聽從，只要每次談話都能讓對方吸收一點點就好了。可別小看這一點點，積少成多，時間長了，總有一天我們可以完全將對方「俘獲」的。

話術點睛

就像老師教學生一樣，不可能一下子就讓學生全部明白。我們與他人交流，也要講求循序漸進，每次讓對方接受一點，這樣累積起來，最終對方自然會完全接受你。

09 說得越多，你所能控制的就越少

過猶不及。

——《論語》

當你想用言辭來給人們留下深刻印象的時候，你說得越多，你這個人看起來就越是平淡無奇，你所能控制的也就越少。如果你能把話說得隱晦一點，神祕一些，多給人留一點遐想，那麼即使你是老調重彈，別人也會覺得你的見解獨到。

那些有權力的人總是說得很少，他們給人的印象卻很深刻，而且總是能威懾到別人。你的話說得越多，說出更多愚蠢話的可能性也就越大。

提起「劉羅鍋」，人們腦海裡立刻出現了一個聰明機智、正直勇敢、不失幾分幽默的人物形象。「劉羅鍋」劉墉靠著他的正直和聰明周旋於危機重重的封建官場，左右逢源，遊刃有餘。但劉墉也曾遭遇重大轉折，受到乾隆皇帝的申斥，本該獲授的大學士一職也旁落他人。究其原因，不過是劉墉守口不密，說話不周，釀成了禍患。

一次乾隆談到一位老臣去留的問題，說若老臣要求退休回籍，乾隆也不忍心不答應。劉墉便將這話洩漏給了老臣，而老臣真的面聖請辭。乾隆大為惱火，認為這是劉墉覬覦補授大學士的明證，是「謀官」的明證，因而訓斥一通，將大學士一職改授他人。

可見，言語謹慎對於一個人立身、處世具有很重要的意義。常言道，「病從口入，禍從口出。」處世戒多言，多言必失。莫言閒話，是非往往就從閒話中來，畢竟人生是非只為多開口，煩惱皆因強出頭。

同時，少說話不僅可以減少是非，減少禍患，還能讓你在他人心中建立起神祕而權威的形象，特別是那些頭腦清醒，能在關鍵場合發表幾句關鍵性言語的人，一般人都不會小覷。

在一場優秀作品的權威評獎會議上，所有人都在為自己這一年看過的好作品進行熱情洋溢的讚美，他們不時地誇這部作品符合時代發展潮流、人物形象生動、品德高尚，誇那篇散文作家運筆獨到、選景天然、讓人百讀不厭，誇這位年輕作家激情四射、才華橫溢、可傳文化之衣缽。

只見大家都為自己喜歡的作品據理力爭、喋喋不休，唾液飛濺，且彼此不服氣，眼看著這場評獎就要變成菜市場般的討價還價時，旁邊的一位老者靜靜地坐在一旁，遠離風暴的中心，一言不發。

這時，主持人大聲地要求大家安靜，「蜂鳴聲」漸漸減弱後，只見老者慢慢起身，說道：「我們在這裡評選本年度的優秀作品，需要有一個公道的標準，這樣才能對得起每部參評的佳作，我只提一個想法，作品要對人類充滿慈悲，也就是能引起我們對人類的同情與熱愛，相信在座的各位都是思想界的精英，一定會贊同這個觀點，那麼就請以紳士的風度為你們的作品投上一票吧。」大家聽完老作家簡短的發言，都安靜地思索了一會，然後在自己面前的投票卡上默默地投了自己的一票。

古詩云，山不在高，有仙則名，水不在深，有龍則靈，而說話亦如此，話不在多，說在節骨眼上則有用。這節骨眼上的話，不僅能表達你的意思，而且能發揮你內在的強大氣場，進而輻射所有你的聽眾，俘獲他們的心。

話術點睛

日常生活中，一個人如果光說不做、只會說話不能付諸行動，久而久之，只會讓人生厭。多說話比起多做事往往給人以誇誇其談的印象，倒不如少說話、踏踏實實地多做實事，這樣則讓人感覺勤奮踏實，值得信任。

一個人只有做行動上的巨人，少言多思，才能取得成就。

10 聲行並舉，增強你的表現力

微笑是上帝賜給人的專利，微笑是一種含意學深遠的身體語言。
——希爾【美國】

成功交際的重要前提之一，就是讓自己的語言富有感染力，用熱情打動對方。很多時候，語言表達出的感情比語言內容本身更能打動人心。而且，若能再配以恰當的身體語言，則可大大增強你的表現力。

一、充滿熱情的語言

一般人都是對於自己喜歡或擅長的事物，才會有較高的熱情。至於其他不相關的事物，就很少能賦予極大的熱情了。因此，在待人處事上一旦不合自己的心意，無論如何威逼利誘，也不會從內心自然散發熱情。

當我們全身心投入某件事，甚至達到忘我的境界時，就會顯得魅力無窮，好像我們所有的親切、剛毅的性格都會聚成了一股耀眼的光芒。這種以熱情吸引人的方式，不僅適用於藝術、研究、工作等場合，同樣也適用於攻心上。例如下面這段對話：

「啊，非常抱歉。請原諒我常常打擾……可是話說回來，我所託之事也只有您一人才能勝任啊！」

「真是禁不起真源兄的一席勸啊，每次有事相求，我都會接受。雖然明明知道自己正忙得不可開交……唉，每次都到事後才後悔不該答應你，否則就會輕鬆得多啦！」

「唉！你每次都這麼說，害我每次都會被你輕易說動。真源，你真行啊！一會兒就說得我暈頭轉向的。其實真正起作用的並不是你的一席話，而是你的熱情！你總是從全新的角度看待舊事物，以樂觀的熱情感動我。面對做事如此熱情專注的你，即使自己再忙，我還是很願意幫你的！」

從上面的對話我們深刻體會到，讓語言飽含熱情是多麼重要的一件事，這也是攻心的第一步。當熱情全面融入你的言語中時，你就充滿了激情。富有激情的話語往往能震撼人心，令人激動不已。

二、用身體語言做恰當的補充

身體語言能彌補有聲語言的不足，它經由有形可視的、具有豐富表現力的各種動作和表情，協助有聲語言將內容準確無誤地表達出來。透過視覺和聽覺的雙重作用，能給聽者完整、確切的印象，從而輔助有聲語言更好地表情達意。

巧用身體語言要注意以下兩點：

第一，要懂得如何設計完美的身體語言

在日常生活中，人們的舉手投足，一顰一笑，無不傳遞著大量的資訊，顯露出人們的思想感情、愛憎好惡和文化修養。身體語言的設計和運用能使談話聲情並茂、形神具備，使說話者風度翩翩、姿態萬千。

身體語言第一個就是手。在講話時合理動用一些手勢無疑會增加語言的感染力，兩手就會成為你表達思想的工具，會幫你強調自己所說的每一句話。在需要時，它們會自然地立刻舉起來，或放下去。不過，千萬不要故意把手交叉在胸前，更不可勉強扶在講

桌上，這樣就會使你的身體無法自由行動。而用手玩弄自己的衣服，聽眾會因此轉移注意力，也會顯得你不夠尊重對方。

第二，要注意控制你的臉部表情

俗話說「眼睛是心靈的視窗」，眼睛在說服中的作用不可小覷。交談時，要敢於和善於跟別人進行目光接觸，這既是一種禮貌，又能幫助你維持一種聯繫，使談話在頻頻的目光交流中可以持續不斷，更重要的是眼睛能幫你說話。

話術點睛

身體語言在說話過程中具有特殊的表達能力，不過它是一種手段，不具有獨立性，它是為了更好地表達意思，因此，採用怎樣的身體語言也沒定規可言，要根據說明對象和當時環境來定。

11 微笑著說，打開對方心扉

微笑乃是具有多重意義的語言。

——施皮特勒【瑞士】

微笑是人類寶貴的財富，是自信的標誌，也是禮貌的象徵，微笑具有震撼人心的力量，可以在瞬間助你打開對方的心扉。

正如鋼鐵大王安德魯・卡內基的高級助理查理斯・史考伯所說，卡內基的微笑值一百萬美元。那種動人的微笑，在人際交往中具有極其強大的影響力。

威廉・懷拉是美國推銷人壽保險的頂尖高手，年收入高達百萬美元。他的祕訣就在於擁有一張令顧客無法抗拒的笑臉。不過，他那張迷人的笑臉並不是天生的，而是長期苦練出來的。

威廉原來是全國家喻戶曉的職業棒球明星，到了四十歲因體力日衰被迫退休，而後去應徵保險公司推銷員。他以為以他的知名度理應被錄取，沒想到竟被拒絕。

人事經理對他說：「保險公司的推銷員必須有一張迷人的笑臉，而你沒有。」

聽了經理的話，威廉沒有氣餒，立志苦練笑臉。他每天在家裡放聲大笑百次，鄰居還以為他因失業而發神經了，為避免誤解，他乾脆躲在廁所裡大笑。

經過一段時間的練習後，他去見經理，但經理說：「還是不行。」

威廉並不洩氣，仍舊繼續苦練。他搜集了許多公眾人物迷人的笑臉照片貼滿屋子，以便隨時觀摩。

為了每天練習大笑，他還買了一面與身體同高的大鏡子擺在廁所裡。一段時間後，他又去找經理，經理冷淡地說：「好一點了，不過還是不夠吸引人。」

威廉不服輸，回去加緊練習。有一天，他散步時碰到社區的管理員，很自然地笑著跟管理員打招呼，管理員對他說：「懷拉先生，你看起來跟過去不太一樣。」

這句話使他信心大增，立刻又跑去見經理，經理對他說：「是有點味道，不過那仍然不是發自內心的笑。」

威廉不死心，又回去苦練了一段時間，終於悟出「發自內心如嬰兒般天真無邪的笑容」最迷人，並且練成了那張價值百萬美元的笑臉。

威廉的例子，讓我們體會到微笑的重要性。同時，它也告訴我們，微笑要發自內心並且充滿活力。不真誠、不自然、假裝和心懷叵測的笑容，不但不會為形象增光，還會破壞原來坦然的形象。真誠的微笑，讓人能透過你的微笑看到你的真摯情感。沒有人會喜歡「皮笑肉不笑」的虛情假意，那只會讓人討厭你。

人際交往中，微笑具有如此大的作用，尤其在服務行業，微笑更被誇張到了極致。有相關人士認為，「微笑服務」能使顧客盈門、生意興隆，而事實確實證明了這一點。有諺語說：「一家無笑臉，不要忙開店。」

「小姐！妳過來！妳過來！」顧客高聲喊，指著面前的杯子，滿臉寒霜地說：「看看！你們的牛奶是壞的，把我一杯紅茶都糟蹋了！」

「真對不起！」服務小姐賠不是地微笑道：「我立刻給您換一杯。」新紅茶很快就準備好了，跟前一杯一樣，放著新鮮的檸檬和牛乳。

服務小姐輕輕放在顧客面前，又輕聲地說：「我是不是能建議您，如果放檸檬，就不要加牛奶，因為有時候檸檬酸會造成牛奶結塊。」她的嘴角從頭到尾都掛著微笑。

顧客的臉一下子紅了，匆匆喝完茶就離開。

有人笑問服務小姐：「明明是他土，妳為什麼不直說呢？他那麼粗魯地叫妳，妳為什麼不還他點顏色？」

「正因為他粗魯，所以我要用微笑對待；因為道理一說就明白，所以也用不著大聲！」小姐說：「理不直的人，常用氣壯來壓人；理直的人，要用氣和來交朋友！」

大家都點頭笑了，對這餐館增加了許多好感。

往後的日子，這家店總是顧客盈門，顧客們每次見到這位服務小姐，都想起她「理直氣和」的理論，他們也用眼睛證明：這小姐的話有多麼正確——他們常看到，那位曾經粗魯的客人，和顏悅色、輕聲細語地與服務小姐寒暄。

由此可見，微笑具有一種神奇的魅力，可以拉近彼此的距離。當你向別人表示你的善意和友好時，彼此就容易建立信任，而你也就很容易達到你的目標、得到你想要的結果。

話術點睛

旅店帝王希爾頓一文不名的時候，他的母親告訴他，必須尋找到一種簡單容易、不花本錢而行之長久的辦法去吸引顧客，才能成功。希爾頓最後找到了這樣東西，那就是微笑！依靠「今天你微笑了嗎」的座右銘，希爾頓成為了世界上最富有的人之一。那麼，和人溝通時，你微笑了嗎？

12 豐富語氣，增強你的感染力

你說話語氣，比你講的話的內容要多得多。

——佚名

一個人說話的語氣是聲和氣的結合，某一種聲和氣所表達出的特定意思，是在人們長期的使用過程中逐步形成，並形成了習慣的。相同的詞語配上不同的聲和氣，往往會產生不同的意思。遵循聲和氣的語義特點，我們選用適當的聲和氣，不僅可以恰當地表達我們的意思，還能大大增強語言的感染力和吸引力。

以「你這討厭鬼」為例：高聲大氣地說，它能增強對聽者示意去採取某種行為的效果；粗聲粗氣地說，它能增強反感、抱怨、指責的效果；惡聲惡氣地說，能增強怒斥、憎恨、警告的效果；陰聲陰氣地說，能增強詛咒的效果；柔聲細氣地說，能增強親暱的效果；用嗲聲嗲氣說，它能增強打情罵俏或假罵真愛的效果等等。

若想成為一個說話富有感染力的人，你就一定要熟練掌握駕馭語氣的能力，要善於運用合適的語氣來表達複雜的內容和不同的思想感情。當然，有些注意事項也不可忽略。

一、不同的談話場合選用相應的語氣

一般而言，場面較隆重的地方要注意適當提高聲音，放慢語速，以突出重點。反之，小場合則要注意適當降低聲音，加大詞語密度，追求自然效果。不同的場合運用不同的語氣，比如，論辯的場合和對話的場合，嚴肅的場合和輕鬆的場合，安靜的場合和嘈雜的場合等等，都應該根據情況使用不同的語氣。

二、要注意談話的身分

和誰說決定了我們說什麼，用什麼語氣，例如在和長輩說話時，要用尊敬的語氣，要謙卑而有禮；與晚輩說話時，要用溫暖的語氣，讓其如沐春風；在與平輩說話時，要用輕鬆幽默的語氣，以縮短彼此的心理距離。

三、學會用語氣影響你聽眾的情緒

語氣能夠影響聽話者的情緒和精神狀態。例如，充滿歡喜的語氣能讓對方瞬間喜悅；憤怒的語氣則會引發出對方的憤怒之意；埋怨的語氣會使對方心生不滿、牢騷滿腹；生硬的語氣會使對方有不悅之感，等等。總之，只有會使用豐富而貼切的語氣，才能使我們的語言更加生動、更富於感染力，進而使我們的交際順利進行。

話術點睛

我們在用語言表達某種情感的時候，不僅要注意各種語氣的含義，注意語氣與說話內容的一致以及語氣之間的協調，而且還要注意語氣、內容、措辭的交叉運用與相互配合。

13 反覆暗示，無聲的說服讓對方印象深刻

要使政治上的真理深印人心，必須要再三的申述，因為聽眾若是繼續聽那一件事，在不知不覺中就和這一個真理連在一起了。到了後來，他們把那一件事靜靜地安置腦海中，就像信仰宗教一樣的不再去懷疑了。

——歐康尼爾【愛爾蘭】

心理學家指出，在交際過程中，經由對一點的反覆強化、暗示、刺激，對方便會以此為基礎，加深對你的印象。

關於這一點，我們就以常見的「反覆性的暗示」為例。這是應用了一個人如果反覆接受幾次相同的刺激，這種刺激就會在意識中留下某種「痕跡」這種心理學上的原理。

但是，如果僅僅是單純的「反覆」，那麼也是徒勞無功。所以，要把這種暗示效果用於那些有先入之見的人時，必須考慮到對方是根據個人的經歷，使自己的先入之見得到「強化」的。

這一點在廣告宣傳中最常用到，例如現在在電視台或廣播上投放的廣告都是重複的，有時一天，你能聽到很多次，這些廣告也許是你討厭的，但它們卻進入了你的潛意識裡，一旦你真的購買這類商品時，它們會即時跳出來，成為你的參考。例如，如果你經常聽到「帶有足球標誌的書店」、「車站旁邊的餐廳」，等等，那麼久而久之，你會不知不覺地對它們產生一種親切感。尤其是當對方一直秉持某種觀念時，透過突出與對方的先入之見相反的事物給他加深印象會更有效。

有一個擁有歌唱家夢想的年輕人去拜訪一位作曲家，作曲家將他拒之門外。但是這個年輕人就每天來作曲家門前，如此堅持了幾個月，最後作曲家終於接待了他。這看起來似乎與說服無關，但可以說這符合「經由重複加深印象」的道理。年輕人透過將自己例外化，告訴作曲家「我與其他志願者不同」！由此打破了作曲家的先入之見。

這種經過重複來加深印象的交流之所以奏效，是因為它在給對方心理上帶來一種

「暗示作用」的同時，對方可以建立一種對你有利的「新觀念」。

美國語言學家說：同一個音節或文法結構的重複，會給人帶來強烈的感化力。例如，林肯最有名的語言是：「來自人民的為人民的人民政府」。如果只是為了更簡潔的表達意思，只說「人民的政府」就可以了，但是，林肯三次重複使用了「人民」這個詞，所以給人們帶來了深刻的感化力。的確，人們聽到林肯的講話，似乎更加強化了人民政府已經誕生的這種意識。

這種「反覆重複一點的效果」在戀愛電影鏡頭中也常常看到。例如，認為自己算不上美人的女性被男友多次地說「妳的眼睛真美！」等讚美的話之後，她便開始覺得自己很漂亮，更加傾心於這位男友。這種強化實際上也就是前面所說的，給對方植入並加深「新的觀念」。

客觀來說，接收到相同的資訊，會讓人形成一種它們確實很重要的錯覺，因而將它們儲存起來。透過這種方式，對方就能對你的想法留下深刻的印象，並轉化成記憶保存下來。因此，優秀的交際高手，都會不斷地使用「反覆性的暗示」。

「反覆性的暗示」有兩種不同的操作模式，一是重複相同的語句；二是換湯不換藥，用不同的方式表達相同的觀念。已故美國大政治家柏修安說：「如果你自己還沒有明瞭那個問題，你絕對無法令人家來明瞭那個問題。反之，你對那個問題越是認識清楚，你把那個問題傳達到人家心裡也越是容易。」

第二句話，就是第一句話的重述。我們所講的「反覆性暗示」也是一種重述性的「部分刺激」。當你說第二句的時候，對方還沒有功夫來細細地辨別一下他究竟是不是在重複，反而覺得這樣一解釋，就顯得格外清楚了。

可見，你要讓對方對你印象深刻，想讓對方對你有客觀的認識，你就可以遵循這一原則：給他反覆的暗示。

話術點睛

不是所有的話都可以直接明瞭地說出來的，當有不便說的話想告知對方時，可以適當運用暗示，對方也是明白人，會很快明白你的意思的。如果對方一下子無法明白你的意思，你可以反覆運用暗示，直到對方明白為止。

PART 3

散發個人魅力的溝通更具魔力

01 開口前先洞察對方的心思與意圖

說話前思慮要細心，做起工作要小心。
——諺語

溝通二字，用來代指人與人之間的交流，貼切又形象，「溝」表明了人與人之間不可彌合的距離，所以要想彼此接近，就必須「通」，可達到真的「通」並不是那麼容易的，所以有知人心者說話時，便能使人歡喜。知人心即知對方的意圖與心思。人類善於將自己的喜好藏於心，但是人如明鏡，只要能夠仔細觀察，善於分析。或是一句之言，或是一次交談都會幫人與人建立友好關係，進而成為無話不談的真心知己。

我們想要經由說話來達成思想的一致，取得某種共識，然後透過說話完成某項任務，就必須在雙方初次見面，或者碰到很熟悉的朋友時，從其見面談話的內容中，完全明白對方談話的興趣點，這樣才能對症下藥，說一些既能讓對方滿意，又能達成自己目的的話，進而取得溝通的成功。

在與人交流時，如果不懂得他的私心或意圖，我們只會像一隻無頭蒼蠅一樣，進退慌張，沒有章法。只有學會善於洞察對方的心思與意圖，我們說話的時候才能投其所好，「見風使舵」。

清朝，有一位舉人經過三科，最後終於謀得了一個山東某縣縣令的職位。當他第一次去拜見他的頂頭上司時，由於緊張，以及對上司的脾氣秉性等不是很瞭解，他談話間一時想不出該說什麼話。沉默了一會兒，他覺得實在尷尬，於是忽然問道：「大人尊姓？」這位老爺著實是十分吃驚，勉強告訴他自己姓某。

縣令聽到這個姓，低頭想了很久，突然說道：「大人的姓，百家姓中沒有。」

這時對方更加詫異不已，微微不悅地說道：「我是旗人，貴縣不知道嗎？」

縣令又連忙問道：「不知，大人在哪一旗？」

對方回答道：「正紅旗。」

縣令說：「正黃旗最貴，大人怎麼不在正黃旗呢？」

此時這位老爺勃然大怒，問：「貴縣是哪一省的人？」

縣令道：「廣西。」

對方回答：「廣東最好，你為什麼不在廣東？」

縣令聽了之後才發現對方滿臉怒氣，驚慌失措，急忙告辭出去。第二天，他的縣令職位便丟了。

這位舉人縣令本來拜見他的上司就是為了討好，為了能穩住自己的官位，結果因為他自己不會說話丟了烏紗帽，說來也並不屈，設身處地地想，誰在這位上司的位置，都會對這位糊塗舉人動怒。

當然，這個故事從另一個角度也說明了說話看人心思和臉色的重要性，與人交談時，不能只是一味地說，要隨時對於對方的言語、表情、手勢、動作以及看似不經意的行為有較為敏銳細緻的觀察，瞭解對方的意圖和心思，才能隨時改變話題便於自己用話語掌控對方。

話術點睛

很多時候，沒必要急著開口說什麼，在開口之前多觀察，可以看出很多語言交流中聽不出來的東西，這也便於你更好地與對方交流。

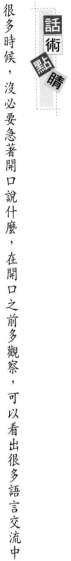

02 第一形象、和顏悅色與心態比「巧語」更重要

眼睛說話的雄辯和真實，勝過於言語。

——塔克曼【美國】

這是一個幾秒鐘決定一個人命運的時代，這幾秒鐘你給人的第一印象決定了你接下來說的話是否能被別人接受，畢竟人都是愛屋及烏的動物，因此在用語言掌控別人之前，我們必須先瞭解一點，那就是：「你說話的對象喜歡你嗎？」這個問題看起來好像與掌控關係不大，但事實上，它卻是掌控對方的關鍵，雖然不是全部，但在語言交流的開始是十分關鍵的。

心理學家認為，一個人要想是自己的話具有說服力，並且不斷增強這種說服力，首先應該給對方留下良好的個人印象。無論你的談話對象是個人，還是群體，你所留給對方的個人印象跟你所傳達的資訊同等重要。

只要你一走進房間，人們就會根據你看他們的方式和你握手的方式給你打第一印象分。你的心思是否放在這個人身上？當你進入某個會場的時候，你的心思是否已經到了這裡？這些問題，他們看到你的第一眼就可以得出結論。也就是說，你留給對方的第一印象決定了他們是否想留在你身邊聽你說話。

生活中，如果有非常重要的事情想和某人進行對話，以取得他的幫助，這時，你一定要提前做一些準備，例如你應該提前確認一下，身邊是否有一些支持者，而這些支持者是可以幫你說好話的。或者，你的言行舉止能否讓對方想起某個有好感的人，這樣的話，你就已經成功了一半。

當然，有時你的言行舉止是讓對方想到了一個很討厭的人，這時你也不必過於擔心。因為，即便是在這種情況下，你也可以設法挽回自己在對方心目中的形象。怎麼做呢？那就是讓自己顯得更加和顏悅色一些。

比如，在對方見到你或者開口與你交流時，你可以觀察對方的反應，然後設法調整自己的講話方式，設法跟對方產生某種化學反應。一定要注意對方的講話方式，他／她是更喜歡用語言還是視覺形象，或者有什麼其他愛好。一定要留意他們的談話模式和他們喜歡用的字眼，然後有意識地模仿他們。當一個人感覺你跟他本人某些地方很像時，就會更容易聽進你的話，而站到你這一邊。

另外，一定要保持積極的心態。千萬不要在意對方言語中的負面因素或語調。就算是在告訴對方一個壞消息，也要設法給對方一種正面的感覺。比如，如果對方問你：「聽說你跟你妻子正在辦理離婚手續，這難道不會影響到你的工作情緒嗎？」這時，你可以這麼回答：「您是知道的，雖然我能力有限，一直受到前輩您的指點，但多年來，我從不將私人問題帶到工作中來。」

這樣你就可以對整個談話保持一定的主動權，也不會被對方拋來的問題打擊到，對方也會被你公私分明的態度和臨陣不亂的氣度所折服，進而增加對你的信任度。總之，保持積極的心態，關鍵點就在於凡事都從正面去考慮。

話術點睛

俗話說，功夫在詩外。與人溝通也是一樣，最高明的說話者會調動有利於自己的一切手段，包括形象、身體語言、語氣、心態等等來說服對方，達成自己的目的。建議你可以嘗試一下，然後就去體驗成功掌控他人的喜悅吧。

03 你真的把話說清楚了嗎

說話不在多，在於說得對，說中了事和理的要害，能打動聽者的心。
——謝覺哉【中國】

不管你的談話對象是否喜歡你，如果不能把話說清楚，你所做的一切都將毫無意義。想想看，不管他們多麼喜歡你講話的語氣，對你個人有多麼好的印象，如果他們根本不知道你在說什麼，試問他們怎樣才能按照你的建議採取行動呢？

在講話過程中，你最好讓自己退後一步，注意留意談話對象的反應。對方是真的明白你講話的內容，還是只是出於禮貌才留在這裡？有時對方會假裝在聽你講話，實際上，他們只是在等你把話講完而已，而在你說話的過程中，他們的關注點早跑到了其他地方。因此，在於別人交談時，你要時刻注意以下幾個問題：

一、你的談話對象是否真正聽懂了你講的話題？

你應該記住的是，尤其是在工作場所，很多人都會不懂裝懂，即便是自己根本不關心的事情，他們也可以假裝很關心，很專注地在聽你講。哪怕他們根本沒聽懂你在說什麼，他們也不會請你解釋——沒有人喜歡被人看成是笨蛋，如果其他人都不提問，那個根本沒聽懂的人也不會提問。

二、你跟他們講的是同一種語言嗎？

比如你是在用同樣的技術語言跟他們交流嗎？想想看，你是否在跟一群英語系的學生大談電腦專業術語？你是否在跟一群電腦專家大談莎士比亞？別忘了我們在前面所想的，即一定要先瞭解你的談話對象，設法用最適合他們的方式來傳達你的資訊。

三、你們是否在同一個文化背景下談話？

拋開行業術語不說，我們如今生活在一個全球化的社會，時不時地就會碰到很多讓人雲山霧罩的方言和習俗。所以一定要先瞭解對方的文化。比如是否應當在正式談話開始前問候一下對方的家人。日本人喜歡先跟對方「暖場」，等到雙方關係密切了再進入正題。而美國人則喜歡開門見山，直奔主題。

畢竟如果一個人不喜歡你，他通常是不會幫助你的。你必須先跟他們培養感情，建立良好的關係。一定要事先做好準備，如果你是跟來自另外一個文化的一群人在講話，一定要先瞭解對方文化的特性。

總之，我們說話的目的不是有個人來聽，而是要讓對方真的聽懂、吸收，並照著我們講的內容去做，因此，每次談話時，一定要事先瞭解對方，並投其所好地設計好自己說話的內容，才能讓溝通真正有效且高效。

話術點睛

說話一定要讓對方聽明白你的意思，儘量不要用一些生硬的專業詞語，不要使用跨文化的語言，不要自己自說自話、忽視聽話者的反應，否則只會讓對方聽不懂，或根本聽不進去，讓你所有的想法都打了折扣就得不償失了。

04 記住，你還有兩隻耳朵在傾聽

要做一個善於辭令的人，只有一種辦法，就是學會聽人家說話。

——莫里斯【美國】

正如沒有兩個人跳不成探戈，只有一個人也無法溝通。如今有太多人只知道講話，卻不懂得聆聽。有人說，上帝給我們一張嘴，兩隻耳朵，是為了讓我們多聽少說，這話很有道理，然而很多人卻做不到。

有一位管理學專家認為，高效經理人的管理祕訣之一，就是先傾聽別人的意見。這一方面體現了對別人的尊重。作為下屬，如果他的上司能夠專心傾聽他說話，他會感到幸福。作為合作夥伴，如果對方給他首先說話的機會，他會對其馬上產生好感；另一方面，只有聽了別人的意見，才能夠知道他心裡想的是什麼，也就能相應地做出反應，有利於做出最佳於企業的決策。當然，無論在商業活動，還是在生活中，傾聽都非常重要，如果我們不願意傾聽別人的話，一般會讓人非常不快，讓人覺得你不尊重他，彼此就會產生矛盾。

布朗先生不久前在一家商店買了一件外套，穿了幾天後，他就發現這件衣服會掉色，甚至把他的襯衣領子染成了藍色。

他拿著這件衣服來到商店，找到當時賣衣服給他的售貨員，想說說事情的經過，可是讓他憤怒的是，這位售貨員根本不聽他的陳述，只顧為自己尋找藉口。

「這樣的衣服我們已經賣了上千套，」售貨員說，「也從來沒有出過問題，您是第一位，您究竟想要幹什麼？」她明顯在說：你是在撒謊，你想誣賴我們。

就在他們爭執不休的時候，另一個售貨員也走了過來，說：「所有深色禮服一開始穿的時候都多多少少會有掉色的問題，這也沒辦法，特別是這種價錢的衣服。」

「當時，我氣得差點跳起來，」布朗先生後來回憶這件事的時候說，「第一個售貨員懷疑我的誠實，第二個售貨員說我買的是便宜貨，這真是我見過最差的售貨員！最讓人吐血的，是她們根本不願意聽我說，動不動就打斷我的話。我可不是去無理取鬧的，只是想瞭解一下怎麼回事，她們卻以為我是上門找碴的。

當時我正準備對她們說：她們把這件衣服收下，隨便看要扔到什麼地方，就讓它和妳們的商店見鬼去吧。」這時，商店的負責人芮恩女士過來了。

芮恩女士一句話也沒說，只是靜靜的聽布朗先生把話講完，瞭解了衣服的問題和他當時的態度。然後，她就對布朗先生真誠地道了歉，說這樣的衣服有些特性沒有及時告訴顧客，請求他把這件衣服再穿一個星期，如果還會掉色，她負責退貨。當然，她還給布朗先生換了一件新外套。

兩位售貨員和她們老闆的做法形成了強烈的反差。這其中最大的差別就在於她們是否透過傾聽來表達對客戶的尊重。當然，結果已經證實了傾聽的力量。以撒•馬科森大概是世界上採訪著名人物最多的人之一。他說，許多人沒有能讓別人留下好印象，是由於他們不瞭解別人的意見而只是自顧自地發表意見。「他們如此津津有味地講著，完全不聽別人對他講些什麼。許多知名人士對我說，他們重視首先聽別人意見的人，而不重視只管說的人。然而，看來人們聽的能力弱於說的能力。」

因此，能做一個善於傾聽的人，你就能在無聲中掌控你的傾聽對象。

話術點睛

傾聽最重要的是集中精力，把心思集中到你正在交談的對象身上，這樣做不僅可以讓你接收到更多的資訊，而且還會大大加強交談雙方之間的關係。

05 努力提高自己的可信度

失足，你可以馬上恢復站立；失信，你也許永難挽回。

——佛蘭克林【美國】

二十一世紀什麼最貴？答案是：信任。確實，人與人之間建立信任的關係需要一個漫長的過程。而這種信任一旦建立，那彼此都會受益，因此，我們在溝通中要做一個可信的人，因為一個可信的人總是能夠提供積極的結果，這種人聲譽總是很好。那麼，如何成為一個可信任的人呢？在跟對方溝通時，你一定要表現出自己道德情操和誠信性格。

首先，在跟別人打交道時，你一定要表現得很清楚自己在做什麼。你是否會覺得這話說起來容易做起來難，但事實並非如此。當你在傳達資訊時，儘量拿出證據。要用一些看得見，摸得著的例子來支持你的觀點，不要只是用模糊的語言來誇誇其談，也就是向他人傳達一種務實的精神。

其次，少使用形容詞。切記，形容詞是最不值錢的，你需要用名詞來陳述事實、統計資訊或其他具有說服力的資訊，要用強有力的例子來說服人們按照你的建議行動。而太多形容詞只會讓你的話語華而不實，不切實際，讓人感覺像是在霧裡看花，最終煙霧散去之後，對方會感覺從你這裡一無所獲。

同時，語言不可過於誇張，不可輕易就賭咒發誓。現在有很多人都喜歡發誓，但又會輕易地違背誓言，所以如今的誓言變得越來越廉價，根本不會讓你的話更有說服力，反而還會降低你的可信度。

再次，展露你的專業性。如果你想說服一個人站在你這一邊，就必須向他充分展示你的專業性。無論你是在組建一支團隊來完成某個專案，還是要說服組織的其他成員同意你的提議，你都必須做大量的準備工作，你要讓大家感覺你很瞭解自己正在做的事情，不管出現任何問題，你都有辦法應對，並很完美地解決。

也許很多人會說，這做起來很不容易啊，我怎麼才能既不吹牛，又讓別人相信自己是專家呢？這時，你必須用自己大量的成功案例去說服他們。

你必須讓對方感覺你就是他們要找的那個人，你可以用說故事的方式來達到這個效果。如你可以適當說一些自己的個人經歷：「當年我在某某公司做軟體工程師的時候……」或者「當我在某某大學演講的時候……」等等。這些都是你一筆而過的資訊，卻會給對方留下深刻印象。然後你可以再提供一些具體的例子，比如說「我們發現……」或者「當時我們的解決辦法是……」等等。這樣，對方會根據你的這些經歷，對你的信任度倍增。

話術點睛

在這裡要提醒大家的是，在你向他人展示你的專業技能時，不要信口開河，用捏造的經歷來呼弄對方，否則一旦某日，你這些虛假經歷被他人知道，他們就會對你的評價一落千丈，再想建立起來那可是難上加難了。

06 信守承諾，讓對方看到你的光芒

遵守諾言就像保衛你的榮譽一樣。

——巴爾扎克【法國】

如果你已經得到了別人的支持。你清楚地告訴了對方你需要什麼，以及你的成功將會對他有什麼意義。你做了許多暗示，讓對方相信你就是他所需要的人。這時，對方只剩下一個問題想知道：「你能兌現自己的承諾嗎？」

明代的文學家宋濂小時候非常喜歡讀書，但家裡很窮，他沒錢買書看，只好借書來讀。每次借書，他都講好期限按時還書，從不違約，因此很多人都願意把書借給他。

有一次，他借到一本書，越讀越愛不釋手，便決定把它抄下來。可是還書的期限快到了，他只好連夜抄書。時值隆冬臘月，天氣非常寒冷。

他母親心疼地說：「孩子，都深夜了，而且這麼冷，等天亮再抄吧。人家又不是等著書看。」

宋濂說：「不管人家要不要看這本書，期限到就要還，這是個誠信問題，也是尊重別人的表現。如果我不講信用，失信於人，怎麼可能得到別人的尊重呢？」

後來，又有一次，宋濂要去遠方向一位著名學者求教，並約好了見面日期，誰知出發那天，下起了鵝毛大雪。當宋濂準備上路時，母親驚訝地說：「這樣的天氣怎能出遠門呀？再說，老師那裡早已大雪封山了。你這一件舊棉襖，也抵擋不住深山的嚴寒啊！」

宋濂說：「娘，今天不出發就會誤了拜會老師的日子，這就是失約；失約，就是對老師不尊重。因此，不管風雪有多大，我都得上路啊。」

當宋濂一路跋涉，風塵僕僕地來到老師家裡時，老師感動地稱讚說道：「年輕人，守信好學，將來定有出息啊！

信守承諾的宋濂最終成了一代有名的文學家，為後世景仰。

小吳是出版社的一個編輯，負責對外約稿工作，最近他聯繫了一位國內非常有名的國學教授，約他出一本國學方面的書籍，第一次面談時，小吳就信誓旦旦地對這位教授說：「教授，您放心，這稿子我絕對能讓它紅起來。」教授聽了之後馬上說：「我們主要是想弘揚國學，重要的是要設計出品味來，不能品質太差」。

小吳拍拍胸脯說：「沒問題，這包在我身上。」教授知道小吳所在出版社是一家非常有名氣的學術出版社，因此就相信了。

後來，等書印出來以後，教授拿到書就怒氣衝天，原來小吳竟然把一本國學的書包裝得很差，用紙粗糙，版型也很差。以後，小吳再找這位教授，教授就沒再見他，而是婉言拒絕了。

如同小吳這樣，失信不僅會讓你的人格蒙塵，而且還有失人格，因此我們與人交流時，凡事不可輕易答應，要在心中反覆衡量，看自己是否真能做到後再給人家答覆，一旦答覆就要做到，千萬不可食言。

當然凡事都有變數，一旦你做不到自己所承諾的事情時，就要及時通知對方。要知道無論你多麼巧舌如簧，行動總是比言語更有說服力。

話術點睛

說到就應該做到，否則就不要輕易承諾別人。畢竟，你不可能只跟別人交流一次，日後再見時，對方會想到你曾經不守承諾過，也就不會再相信你了。

07 把自信心烙在每個字上

自信就是成功的第一祕訣。

——愛默生【美國】

美國著名成功學家拿破崙・希爾鼓勵人們建立自信的方法是：一個人在做事之前，可以大喊五十遍「我成功，因為我自信」，這樣就可以獲得動力！同樣，欲成大事者面對挫折也要有這種觀念和方法。

確實，每個經歷挫折後取得成功的強者都有一個共同的體會：信心產生力量，只要相信自己，即使追求的目標如移山倒海，終有成功的一天。信心是一種最堅強的內在力量，它能夠幫助你渡過最艱難困苦的時期，直到曙光最終出現。

成功學大師卡內基說：自信才能成功。自信是美德，如果你能在言語中表現出自信來，會讓人感覺你是一個可造之才。

高中畢業生小玫，到都市後就興沖沖地抱著履歷去參加人才交流會。整個會場人如潮湧，唯有某連鎖超市的展台前冷冷清清，與會場的氣氛形成了鮮明的對比。

小玫好奇地走過去，看了連鎖招募啟事上的內容，當即嚇了一跳。它招募二十名業務代表，卻指明要名校畢業生，並且還得有三年以上從事零售業的工作經驗，條件那麼苛刻，難怪沒有人敢貿然應徵。

小玫揣摩了一番，雖然自己沒一項符合，可是該連鎖超市業務代表的工作對她很具吸引力。她心一橫，決定試一試，真要被拒絕，就當是一次經驗好了。

小玫逕自走到應徵席前坐下，那位中年主管看了她一眼，面無表情地指了指那招募啟事問：「看過了嗎？」她點點頭說：「我看過了，不過很遺憾，我既不是名校畢業，也沒有從事過零售工作，只有高中文憑。」

那位主管看了她好半天，才說：「那妳還敢來應徵？」

小玫微微一笑：「我之所以敢來應徵，是因為我喜歡這份工作，而且相信自己有能力勝任這份工作。」停了停，她又說，「如果求職者真要具備啟事上所有條件，那他一定不會是來應徵業務代表，而是公司主管了。」說完，小玫就把自己的履歷遞了過去，那位主管竟然沒有拒絕，而且還微笑著收下了。

第二天，小玫就接到了錄用通知。後來她才知道，那些苛刻的招募條件只不過是該連鎖超市故意設置的門檻罷了，其實當她和主管談完話之後，她就已經通過了兩項測試：勇於挑戰條款的信心，和勇氣以及分析問題的能力。

那位給她面試的主管後來說：「雖然不是名校出身，但妳的言語之中透露出的自信讓我最終選擇妳，連面試的勇氣都沒有的話，日後又豈能有勇氣去敲一個個商家的大門？」

自信是美德，可以得到別人的好感。所以，我們在與別人的交談過程中，一定要表現出自信，將自己的信心烙在每一個字上，千萬不要猶猶豫豫，裹足不前，更不能含含糊糊表達，否則只會讓別人對你無法信服。

話術點睛

在社交中，大家都希望和一個充滿自信心的人在一起，那樣交流才會輕鬆愉快。因此，與人交往時，你要充分表現出自己的自信，不要總是使用不確定的字眼，如「也許吧」、「可能吧」，或者猶豫的詞，如「嗯……讓我想想」、「我也不知道啊」等等。

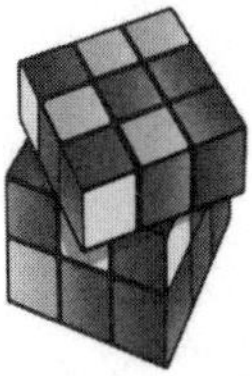

08 努力說好第一句話

做一件事，說一句話，無論事情的大小，說話的多少，你都得自己先有了計劃，先問問自己做這件事、說這句話，有沒有意義？

——卡內基【美國】

初次見面的第一句話，會給對方留下深刻印象，那麼如何給對方留下好印象，進而帶動對方的談話慾望，打開對方的話匣子，使談話自然而然地順利進行下去呢？

與陌生人打交道，誰都會存有一定的戒心，這是初次交往的一種障礙。而初次交往的成敗，關鍵要看如何衝破這道障礙。如果你用第一句話吸引對方，或是講對方比較瞭解的事，那麼，第一次談話就不僅僅是形式上的客套了。如果運用得巧妙，雙方會因此打成一片，變得容易相處了。

比如，在一個嚴冬的夜晚，你與一位陌生人見面，「今晚好冷」這句話自然會成為你們之間所使用的開場白。單純地使用它，雖然也能彼此引出一些話來，但這些話也可能對彼此無關緊要，這樣，再深一步的交談也就困難了。但是，如果你這樣說：「哦，今晚好冷！像我這種在南部長大的人，儘管在這裡住了幾年，但對這種天氣還是難以適應。」如果對方也是在南部長大的，就會引起共鳴，接著你的話頭說出一些有關的事。

如果對方是在北部長大的，他也會因為你在談話中提到了自己的故鄉在南部，而對你的一些情況產生興趣，有了想進一步瞭解你的慾望，這樣就可以把交談引向深入。而且把自我介紹與談話相結合，也不致於令人覺得牽強、不自在。人們在不知不覺之中，就放棄了戒備的心理，進而產生了「親切感」。

有的人採用一種很自然的、敘述型的談話開頭，也能給人一種親切感，同時還能讓人想繼續向他詢問一些細節。說第一句話的原則是：親熱、貼心、消除陌生感。總結起來常見的有這麼三種方式：

一、攀認式

赤壁之戰中，魯肅見諸葛亮的第一句話是：「我，子瑜友也。」子瑜，就是諸葛亮的哥哥諸葛瑾，他是魯肅的摯友。短短的一句話就定下了魯肅跟諸葛亮之間的交情。其實，任何兩個人，只要彼此留意，就不難發現雙方有著這樣或那樣的「親」、「友」關係。

例如，「你是××大學畢業生，我曾在那邊進修過兩年。說起來，我們還是校友呢！」「您來自××，我出生在××，兩地近在咫尺，今天難得遇同鄉，真令人欣慰！」

二、敬慕式

對初次見面者表示敬重、仰慕，這是熱情有禮的表現。用這種方式必須注意：要掌握分寸，恰到好處，不能胡亂吹捧，不要說「久聞大名，如雷貫耳」之類的過頭話。表示敬慕的內容也應該因時因地而異。

例如，「您的作品我讀過多遍，受益匪淺。想不到今天竟能在這裡一睹作者風采！」「很高興能在這裡見到您這位著名的山水畫家！」

三、問候式

「您好」是向對方問候致意的常用語。如能因對象、時間的不同而使用不同的問候語，效果則更好。對德高望重的長者，宜說「您老人家好」，以示敬意；對年齡跟自己相仿者，稱「老X（姓），您好」，顯得親切；對方是醫生、教師，說「李醫師，您好」、「王老師，您好」，有尊重意味。節日期間，說「聖誕節快樂」、「新年快樂」，給人以祝賀之感；早上說「您早」、「早安」則比「您好」更得體。

話術點睛

開個好頭，接下來的交流才會更加順利。所以，跟別人說的第一句話一定要說話，說出水準，讓別人對我們產生好感，才能便於接下來的溝通交流。

09 活用名言，讓自己的話更具權威性

社會上崇敬名人，於是以為名人的話就是名言，卻忘記了他之所以得名是那一種學問或事業。

——魯迅

在日常工作、生活中，我們常常會遇到這樣一種情景：你在與別人爭論某個問題，分明自己的觀點是正確的，但就是無法說服對方，有時還會被對方反駁得啞口無言。這時，如果添加一些權威成分，則很容易就能爭取別人贊同自己的觀點。

名人的出現往往格外引起人們的關注，名人的一句讚賞，可以讓你身價倍增；名人一句貶斥，可以讓你成為眾矢之的。但是，有時候我們也不要過於迷信名人，應擦亮眼

睛，做出正確判斷。交際場上，如何利用名人名言，實行操縱與反操縱呢？

名人自然是與普通人不同的，他在社會上說句什麼話，表個什麼態，都可能給人們施加某種影響，無形操縱別人的行為。有人說美國的葛林斯潘打個噴嚏，世界上的股市也會為之震盪，可見名人就有名人的不同凡響之處，尤以那些權威的名人更甚。

伯樂是相馬的名師，大家認為他相馬絕對不會看走眼，只要認可的馬一定是好馬。有一次有人來求見他，說：「我有一匹馬賣不掉，請您到馬市上走一遭，在我這匹馬旁邊走一走，看一看，成嗎？」伯樂答應了。

果然，他去看了那麼一眼，這匹馬就賣了高價。

名人就是名人，他看一眼，馬就賣了高價，如果他說句話，這匹馬一定會惹得眾人爭搶，更要賣出天價。名人往往是有實力的人，他掌握和操縱著某一領域的話語權，有著廣泛而深刻的影響力。名人是人們心目中的權威，心目中的偶像，他的話自然會格外受到人們的重視，操縱別人的行為，這樣想來，人們普遍對名人有著崇拜心理也就不奇怪了。而你借助他的話，可以在與人交流的過程中快速提升自己的地位和聲譽，並且更容易讓別人覺得你是權威。

總而言之，在自己的言談中添加一些權威成分，可以節省不少的精力，輕鬆說服別人，也可以幫助你有效地操縱別人，增加對你的信任和支持。

話術點睛

借助名言，可以讓對方更加認可你的觀點，畢竟人都是對權威信服的，你也就可以省去很多口舌去勸服對方了。

10 語言中不要有「被動形式」

無論天資有多麼高，他仍需學會技巧來發揮那些天資。

——卓別林【英國】

現實生活中，如果我們語言技巧不好的話，那麼，很可能一切都無從談起。因為，不論寫了一個多麼完美的計劃書，如果報告的人笨口拙舌地說「嗯，那個……」這個計劃書肯定無法通過。

所以，具有嫻熟的語言技巧的人才更容易成功。因為這樣的人，容易得到上司的認可。只要我們深入思考一下就會發現，一個人事業能否成功，和是否掌握了良好的語言技巧密切相關。

那麼，從商業的角度來看，語言上最重要的原則就是「不要有任何的被動形式」，這也是來自心理學的建議。所謂被動形式就是「被……」「讓……」這樣的表達方式。

例如「這個鍵要是被按下的話，內容就被刪除了」、「這種樣本被七十％的年輕人所喜歡」，這種語言表達方式就是被動形式。如果把這兩句話換為主動形式的話，應該是「如果您想刪除內容的話，請按這個鍵」、「七十％的年輕人喜歡這個樣本」。

如果你想提高語言技巧，語言中就不要有任何的被動形式，一定要使用肯定形式。為什麼呢？根據語言心理學已經證明了的規律，使用被動形式會降低說服力。肯定形式和被動形式也許只有一點差別，但是它們對聽眾心理產生的影響差別是巨大的。

被動形式會給聽眾一種缺乏積極性的印象。「被動」這個詞本身就具有消極意義。如果別人說你「那個人的性格很被動」，你一定要明白這可不是什麼好話。你如果在談話中老是用被動形式的話，很容易給對方留下說話拐彎抹角、沒有自信、性格很軟弱的印象。

一個人語言上的習慣很難改變，因為它存在於我們的潛意識中。因此，建議大家找機會把自己說的話錄下來，然後再認真分析一下。即使你覺得自己沒什麼問題，也請試一次。試試看，你一定會為自己說話時竟然使用了那麼多的被動形式而大吃一驚。

平時，如果我們經常語出被動，就很容易使自己處於被動狀態，這時再想扭轉就難了，只能受制於對方。所以，在交流的過程中應該儘量運用一些便於佔據主動的詞彙和句式，進而變受制於人為制於人的地位。

話術點睛

如果你想為自己的語言增加氣勢，使自己的語言更有力，只要去掉被動形式即可。這樣既能展現出你是一個非常積極的人，又能讓你的話充滿說服力。

PART 4

不斷提升D才力，讓話語掌控成為現實

01 學會選用話題，為自己的語言添磚加瓦

巧婦難為無米之炊。

——俗語

俗話說：「巧婦難為無米之炊。」話題是構成口才表達內容的基本要素，是一切口才實踐的基礎和前提。沒有題材，再高明的口才表達主體，也只能徒歎奈何！

話題平淡，本身不具有社會價值，即使主體口吐蓮花，也只能泛泛而談，不可能有什麼遠見卓識、真知灼見。沒有豐富而準確的話題，口才表達內容就不可能符合客觀實際。凡不符合客觀實際的思想就是錯誤的思想，會將人們引到岔路上去。所以，必須首

先從佔有豐富而準確的話題入手。

話題，是指口才表達主體為達到某一目的，從現實生活中搜集、攝取、累積，以用於口才表達、反映主體的思想認識，並從中提煉出明確主題材料系列的事實和論據。它提供口才表達的具體內容，既包括客觀存在的人、事、物、景，又包括主體從文獻資料中攝取到的知識、理論、資料和其他資訊，還包括主體自身主觀的思想意識。

大量佔有話題是第一步，也是至關重要的一步。口才表達主體應精準，力求資料廣泛、全面，努力做到一個「多」字。題材多了，才便於比較、鑑別，才有選擇的餘地。無數口才大師成功的實踐證明：大量佔有題材是第一位的基礎工作，是口才表達最重要的基本功之一。

然而大量佔有話題還不夠，還要學會選取對自己有用的話題。搜集題材時，先確定表達的目的、目標，然後再圍繞這個目的、目標，有意識、有計劃地搜集有關的資料。同時要注意採集個性畫面、情節、細節等感性題材，應尤其重視搜集能闡明道理、論證觀點的抽象理論資料，從現實的實效性上去搜集題材。而且要在明確任務之後，在盡可能短的、限定的時間內，迅速採集到所需要的各種題材。

講話時選用的話題，一定要有強大的吸引力，要像一塊磁鐵那樣能吸住聽眾的心。一般具有較強吸引力的話題都具備幾個方面的特點：

一、新——指的是要有新人、新事、新成果、新情況，反映新面貌，講出新「世道」。特別是聽眾最關心的新話題，傳遞給聽眾的情感、思想才富有感染力。不要人云亦云，重複使用別人用濫了的題材，這樣會令人感到乏味。要留心收集新鮮的事物，同時要善於分析，從舊資料、一般資料中挖掘出新意。

二、實——題材的真實離不開資料的準確可靠，它包括準確的人物、事件、情節、經驗、時間、地點、數字、引文，等等。對寫演講稿所用的資料，必須是經過認真調查、核實過的，如果條件許可，要盡可能多地使用第一手資料，反對那種一味追求「生動」、「吸引人」而做所謂「合理想像」、「添枝加葉」的做法。

只有資料真實，主題才能站得住腳，才有說服力。如果資料虛假，或者編造內容，或者選用偶然的、個別的、表面的東西作為題材，就不能反映客觀事物的本來面目，那麼也就失去了意義。

三、趣——指的是選取利於談話的資料，找一些具有趣味性的題材。如果你經常覺得與人談話很困難，恐怕最主要的原因，就是你對應該講什麼話這個問題有很深的誤解。一個最普遍的誤解是：以為只有那些最不平凡的事件才是值得交談的。當你想與人交談時，你會在腦子裡苦苦地搜索，想找一些怪誕不經的奇聞，驚心動魄的事件，或是令人神經錯亂的經歷，以及令人興奮刺激的事情。當然，這一類的事情，一般人會很感興趣。能夠在談話的時候講出如此動聽的事，對聽的人或是對講的人，都是一種滿足。

可是這一類型的事情並不多，一些轟動社會的新聞，不用你來講，別人也已經聽過了。即使你親身經歷過的是比較特殊的事件，你也不能拿它到處一講再講。還有你在某一個場合很受歡迎的故事，在另外一些人的面前，並不一定會受歡迎。

其實，人們除了愛聽一些奇聞逸聞之外，也很願意和朋友們談一些關於日常生活中的普通經驗。例如，小孩長大了，要選哪一家學校比較好啦；花木被蟲子咬了應該買什麼樣的殺蟲劑；這個週末有什麼好電影看。這些都是很好的談話題材，也都能使談話雙方感興趣。

所以，當你的腦子裡並沒有準備好一些奇聞怪事時，你也不必因此保持緘默。日常生活裡充滿了可以談話的各種題材，只要你關心一切日常生活的事情，就不難找到使大家都有興趣的談話題材。

人們還有一種誤解，以為必須談些深奧的、有學問的話題，才能夠受人尊敬。有這樣誤解的人，會常常想跟別人談一些很抽象的哲學理論，或是什麼高科技的問題。但這些問題，即使你準備得很充分，也很難找到和你有同樣興趣的談話對象。因此，在大多數的場合，你就會覺得無話可說了。

事實上，幾乎任何題材都可以是良好的談話資料。

你可以談足球、籃球和其他運動。

你可以談食物、談飲料或談天氣。

你可以談生命、談愛情或談理想。

你可以談同情心、談責任感或談真理。

你可以談證券市場、談所得稅或談流行的服裝。

你可以討論書籍、戲劇、電影、廣播的節目，國際上的新聞，或地方上的問題。

你可以交換一下關於某個故事或是某個人物的意見。

你可以複述一下你在某個雜誌上面看到的一篇論文要點。

諸如此類，都是很好的談話題材。這裡只是略舉一些以引起你的想像，實際上談話題材比這裡所提到的要多得多，只要你平時注意累積，實際運用時自然可以很容易說出來。

話術點睛

跟不同的人交流，就應該選用不同的話。如果千篇一律，會很難跟多數人打成一片。所以，我們應該多涉獵一些方面，多收集一些素材，讓自己的語言庫充實起來。

02 擴展知識面，讓自己成為語音百科全書

絕不要企圖掩飾自己知識上的缺陷。

——巴夫洛夫

「一和那個人說話，就高興得忘了時間。」被別人這樣評價的人，一定是話題豐富的人。從關於高爾夫球的話題開始，說到體育的歷史，從釣魚說到大海，進而轉向關於外國的話題，接著又談到當前的市場情況，忽而又成了關於語言的話題。這種狀態止於何處還不知曉，但話題少而且談不攏的人不可能如此的。

人類知識包羅萬象、紛繁複雜，也是當眾講話者侃侃而談的力量之源。知識在於厚

積而薄發，有多方面知識累積的人，講起話來也底氣十足，成竹在胸。有的人之所以很有吸引力，究其根本原因，就在於豐厚的知識累積。胸有成竹，欲發則出；積之愈深，言之愈佳。

對講話者來說，知識是多方面的。不同的人，有不同的知識要求；不同的人，對知識的掌握程度也不盡相同。但作為講話者，應當掌握的最基本的知識有以下幾方面：

一、處世知識

處世就是指處理人情世故、社會活動、與人交往。每個人與社會都有千絲萬縷的聯繫，作為人類社會的一分子，沒有基本的為人處世之道，是無法在社會立足的。要想使自己的言語達到彼此交流溝通的目的，就必須掌握交際應酬的起碼知識，這樣，才能說出與當時的情境適宜的言辭。

如果不懂得這些知識，在當眾講話過程中，就會因某一細微疏忽講錯話而造成不良後果，導致講話失敗，甚至鬧出笑話。

二、世事知識

世事知識指的是社會生活中方方面面的常識、經驗，教訓、風土、人情、習俗、掌故，等等。這種知識是一種客觀存在，一般無須潛心去學；只要不脫離社會生活，在實踐中都能逐步體會、感悟得到。

人們要想豐富自己的語言修養，實現當眾講話的溝通目的，必須具備這類知識。曹雪芹就認為：「世事洞明皆學問，人情練達即文章。」一個不諳世事的人，所發言辭要麼造成笑話，要麼釀成苦酒。

三、文化知識

文化是指大文化，是人類在社會歷史發展過程中所製造的物質財富和精神財富的總和。諸如天文、地理、歷史、文學、藝術、哲學、經濟、法律，等等。這些知識往往以成語、典故、佳作、名言、警句為載體，最能陶冶情操、提高修養、開闊視野，進而使表達者的言辭更具感染力、說服力、吸引力。

這種知識不能從實踐中獲得，需要孜孜不倦地學習。在人生路上，不斷累積學習，當眾講話時便會充滿活力，如滔滔江水連綿不斷。

四、專業知識

所謂「術業有專攻」，人一生精力有限，不能做一個博學家，就要精於本職工作，熟練掌握專業知識。專業知識的獲得，一是靠學習，二是靠實踐。當今社會是資訊社會，知識更新迅疾，一個好的專業人員不關注本領域最新進展，就無法發現自身的知識盲點，既不利於工作進行，更不利於說話水準的提高。

除了從這四個大方向上把握知識面的拓展以外，我們應該使自己具備多方面的常識。日本東京有一家美容院，生意興隆為當地之冠。有人問他們生意興隆的原因，店主人坦率地承認，完全是由於他的美容師在工作時，善於和顧客攀談之故。

但怎樣使工作人員善於說話呢？

「簡單得很，」店主人說：「我每月把各種報紙雜誌買回來，規定各個職員在每天早上工作前一定要閱讀，就當日常功課一樣，那樣他們自然會獲得最新鮮的談話題材了，也因此博得顧客的歡心。」

這不過是千百個例子中的一個。知識是任何事業的根本，你要使談吐能適應任何人的興趣，更要多閱讀一些書刊雜誌，把天地間的知識儲存在你腦海中，一旦到了應用的時候，就可以有選擇地打開話匣，與人對答如流了。

話術點睛

在交流的過程中，不管對方提到什麼，要是你都能說上一點，發表一點自己的見解以作為給對方的呼應，對方就會覺得你是一個博學的人，進而對你心生好感。

03 鯨吞式閱讀，你可以學到更多

智者閱讀群書，亦閱歷人生。

——林語堂

曾任哈佛大學校長三十年之久的葉洛特博士，說過這麼一句話：「我僅承認一件事，受過教育的男女們，在知識上所應得的收穫，就是能夠正確優美地使用本民族語言。」

要增進自己的知識，書就是真正的祕訣所在，多閱讀書籍，不斷地充實你講話所用的詞句。英國的約翰·伯萊特說，他覺得每逢走進圖書館，就憤恨人生太短促了，使他不能將心愛而珍貴的書再遍覽一次。

伯萊特十五歲時就被迫輟學，到一家棉紗廠中去做工，從此便沒有再返回學校的機會。可是他不但英語講得流利純熟，並且能對拜倫、彌爾頓、雪萊的長詩熟讀深思，又能將莎士比亞的名劇倒背如流。他每天總要溫習一遍「失樂園」以充實他的字句、提高他的能力，最後終於成為英國十九世紀最偉大的演說家。

另外，英國十八世紀的著名政治家畢特，他的自修方法是每次讀一、兩頁希臘文或拉丁文的作品，讀過之後再試譯為英文。他這麼努力了十年，說：「現在，我已獲得一種無與倫比的能力，不必花費思想，就能把恰當意見、合宜字句排列成次序，絕不會有一些紊亂的謬誤。」

林肯是不願意把智力浪費在和他智力相同或者較低的人們身上的，他最好的教師，是歷代著名的學者、詩人與其他優秀的人物。他可以背誦拜倫的長詩，勃朗寧的詩篇也是他最愛閱讀的，他還見過一篇關於詩人彭斯的演講。他要拜倫時時刻刻做他的教師，所以他借了兩本拜倫詩集，一本在寫字間裡，另一本在家裡。在他辦公的前後，或者休息的時間，他總是去請教這冊詩集，還因此把書皮都翻得殘破了！

做了總統的林肯每晚睡前，還要讀幾首歌德的詩，或者在半夜醒來，也會拿起詩集來念。當他發現美好的句子，總是興奮地跳下床來，只穿上睡衣便連奔帶跑地走到大廳，找到他的書記，一篇一篇講給他的書記聽。

一個胸無點墨的人，當然不能期望他能應對如流。學問是一個利器，有了這個寶貝，一切皆可迎刃而解了。雖然你不可能對各種專門學問都有精湛的研究，但是你不妨可採取「鯨吞泛讀」的方法來達到充實自己知識面的目的。能巧妙地運用你已了然於胸的廣泛知識，那麼應付任何人十分鐘有趣的談話，想必是不困難的。

讀書看報是你充實自己的有效方法。隨著社會的進步，每月所出的各類書刊雜誌越來越多，經常閱讀書刊，是最低限度的準備工作。如果你想在談話中出人頭地，國際和國內的動向、一般的經濟發展趨勢、科學上的新發明和新發現、世界所關注的事件和新聞人物，以及藝術名作、電影戲劇等內容，都可在每日的報紙和每月的雜誌中看到。

在你看報的時候，拿支紅、藍筆，把每天最有興趣的新聞，或是所看的好文章勾出來，要是能剪下來更好。一天只要兩則，兩個星期之後你便記得不少有趣的事情了。

在你看雜誌或書籍的時候，每天都要記住其中的一、兩句你認為很有意義的話，用紅藍鉛筆在那句話邊上畫上線，如果能抄在你的日記本上那就更好了。記住，開始時不要貪多，因為你還不太習慣，不要一開始就使自己過分為難，否則沒有幾天你就會放棄了。每天只要一、兩句，省事又容易記。

千萬不要看不起這一、兩句，如果你每天不停地記下去，兩、三個月後你就會發現你的思想比以前豐富得多了。每當談話的時候，很容易就會想起它們，或者用自己的話把它們加以發揮。這些有趣的話題，隨時隨地都會冒出來解救你的窘境。

圖書館和網路是一個巨大的資訊寶庫，要善於利用它。幾乎每個圖書館都有定期文獻、讀者指南。這個來源列出了雜誌文章的作者、題目和主題，多年成卷，存於圖書館的參考資料部分。一個好的大百科全書選集在許多圖書館都可以見到。而且，這些出處對於所列條目的說明無論哪兒都是簡明扼要的。每年的年鑑所提供的資料，使這些百科全書通常能跟上潮流。當然，你的知識來源不應當僅僅是它們。

網路是目前發展迅速的電子產物，你只要輕輕點擊幾個著名網站，就可以獲得大量資料；你也可以隨意進入世界著名的圖書館瀏覽。利用網路能夠更快、更迅速、更便利地獲取資料。「工欲善其事，必先利其器」，這雖是一句老話但至今仍然適用。所以，首先必須充實自己，做到「利其器」。

話術點睛

隨著社會的發展，閱讀已不僅僅侷限於簡單的書本文字閱讀，我們應該利用一切可利用的工具，幫助自己增加閱讀量，讓自己可以學到更多更好的東西。

04 利用語言的結晶，做真正的語言強者

一切書籍不是刀劍，就是夢幻；你可以用語言進行殺戮，也可以用語言進行迷惑。

——洛威爾

所謂語言的結晶，就是那些透過智慧的打磨，被人們廣泛認可，流傳百世的名言、詩句、諺語、俗語等。這些語言精練、形象、生動而有美感，平時多累積並將它們運用到說話中，能為我們的語言增添不少色彩。

俗語是群眾語言，就是有濃郁的地方特色、通俗易懂、人民群眾熟悉的、喜愛的語言，它包括諺語、歇後語等。這些語言大都來自社會實踐，是人民群眾創造發明的，在

講話時巧妙地運用，能夠大大增強語言的感染力，更容易被群眾理解和接受。

俗語是通俗而廣泛流行的定型的語句，簡練形象。恰當地引用俗語，可以增強講話或演講中的幽默感和說服力。

抗戰勝利後的一天，上海一幢公寓裡傳出陣陣歡笑。原來，畫家張大千要返回四川，他的學生們為他送行，梅蘭芳等名流也到場作陪。

宴會開始，張大千向梅蘭芳敬酒，說：「梅先生，你是君子，我是小人，我先敬你一杯！」眾賓客都愣住了，梅蘭芳也不解其意，笑著詢問：「此話作何解釋？」張大千笑著朗聲答道：「你是君子——動口；我是小人——動手！」

滿堂來賓，笑聲不止，宴會氣氛一下子活躍起來。

張大千簡單的幾句話取得如此好的效果，原因就在於他靈活運用了「君子動口不動手」這一俗語。

一九八五年五月，美國總統雷根到蘇聯訪問，兩國領導人舉行會談。在歡迎儀式上，前蘇聯領導人戈巴契夫說：「總統先生，你很喜歡俄羅斯諺語，我想為你收集的諺語再補充一條，這就是『百聞不如一見』。」

戈巴契夫之意，當然是宣稱他們在削減戰略武器上有行動了。

雷根也不示弱，彬彬有禮地回敬道：「是足月分娩，不是匆匆催生。」

雷根的諺語，形象地說明了雷根政府不急於和前蘇聯達成削減戰略武器等大宗交易的既定政策。

在論辯中巧妙地運用俗語可以調節氣氛，增強語言的感染力，進而達到明確地講清道理、有力地反駁對方的目的。比如，運用了多個成語，妙語連珠，文采熠熠，有一種強大的感染力和說服力；運用諺語，入情入理，也很有表現力；運用歇後語，言簡意賅，生動形象；運用寓意深刻、韻味雋永的順口溜，也可產生新鮮、奇特、生動的感覺。

此外，也可以適當地引用名人的言論、公認的史料、資料以及廣泛流行語等，進而更好地點明主題佐證觀點，使文義含蓄富有啟發性，使聽者會心言外，深思徹悟。

因此，我們在日常生活中，應該有意識地多累積一些約定俗成的語句，這是提高說話水準的一條捷徑，同時，要注意恰當地使用。

話術點睛

適當運用一些優美的詞句，會讓對方覺得我們有著很高的涵養，而且很多語言結晶都有著各自的魅力，適當運用，可以讓對方更好地領會我們言外之意。

05 不斷累積，記憶力提高你能說得更好

一般人平時利用他的記憶力不及百分之十，這是因為他違反了記憶的自然法則，浪費了其餘的百分之九十的緣故。
——蘗兆爾

如果沒有良好的記憶力，博聞強識也是無用之功，對累積無濟於事。而沒有長期的累積，在談話時就不會擁有更多的素材。因此，提升記憶力對於提升語言能力也很重要。增進記憶的方法，是促成你口才的一種因素。為什麼你往往對事物的印象只是視而不見，一會兒便會忘掉？這是因為你不懂得記憶的祕訣。

對你打算牢記的事物，抓住一個深刻、生動、能啟發人的印象，集中注意；只要一

分鐘努力地集中注意，將比心不在焉恍惚幾日的成就更優。有人說：「一小時緊張工作，可超過如夢般的幾年。」這便是祕訣，特別是對於記憶力的增強。

愛迪生說過：「普通人的腦子所記住的不及他的眼所見的千分之一，我們真正的觀察力之貧弱，甚至極為可笑。」

當你遇到同時被介紹認識三位陌生朋友時，一、兩分鐘以後，竟會忘了他們的姓名，這是什麼緣故？其實是因為你起初就未能充分注意他們，也沒有精確觀察他們。要是你聽準了別人的姓名，或是未聽明白而再問一遍，他會因你的注意而心悅，你也因集中注意而牢記他們的姓名，並得到準確的印象。

記憶最自然的一項法則就是：對於你想要記憶的事物，獲得深刻、生動而且持久的印象。而要想達到這個目的，你必須集中注意力。

羅斯福的驚人記憶力給予他見過面的人留下深刻印象。而他有這種傑出能力的主要因素是他的印象彷彿是刻在鋼鐵上，而不是寫在水上。他曾經透過堅強的意志和練習，訓練他自己，使他即使在最混亂的情況下也能集中精神。

在一九一二年的芝加哥黨大會舉行期間，他的總部設在國會旅社。群眾湧向旅館下的街道，揮舞著旗幟，高呼：「我們要泰迪（羅斯福）！我們要泰迪！」群眾的呼喊聲，樂隊的演奏聲，來來去去的政治家，匆匆召開的會議，各種磋商活動——這種混亂而嘈雜的情況早已把普通人搞得心神不寧了；但羅斯福卻安然坐在他房間裡的搖椅上，忘掉了所有的混亂與嘈雜，專心閱讀古希臘歷史學家希羅多德的作品。

在巴西荒野旅行期間，每天傍晚，他一到達宿營地，立刻在大樹底下找一處乾燥的地方，取出一張露營用的小凳子，和他隨身攜帶的一本英國歷史學家吉朋寫的《羅馬帝國興亡錄》，迅速沉迷在書中，完全忘掉了滂沱大雨、營區的嘈雜聲和活動，以及熱帶雨林特有的各種聲響。難怪他能深刻地記住他讀過的內容。

花五分鐘主動、積極地集中注意力，將獲得比在精神模糊的情況下胡思亂想好幾天有更好的效果。亨利・華德・畢丘寫道：「積極投入的一小時，勝過迷迷糊糊的多年歲月。」每年賺取百萬美元的貝泰鋼鐵公司老闆大吉尼・葛瑞斯說：「我一生當中學會的最重要一件事，而且不管在任何情況下每天都奉行不渝的，就是：集中精神，注意我目前手中的工作。」

這就是力量——尤其是記憶力的祕訣之一。

林肯告訴我們一個助長記憶的方法，那就是他每次閱讀必須要記住的書報，必須高聲朗誦。他說：「當我高聲朗讀時，有兩種官能在工作：第一，我看見了我所讀的是什麼；第二，我的耳朵也聽見了我所讀的是什麼。因此，我比較容易記住。」誰都知道林肯的記憶力是異常牢固的，他自己說過：「我的心像一塊鋼板，很難在上邊畫上事物，但畫上以後就極難拭去。」總之，同時利用兩種官能，是林肯記憶的祕訣，你也不妨加以效仿。

不過，我們坐下來記憶一段話，翻來覆去直到能記熟為止，所用的時間，雙倍於用適當的記憶方法。因為我們的心，應該適當休息才不會因使用過度而疲乏。《天方夜譚》的譯者能說二十幾種語言，且非常純熟。他承認，從來不會為了記憶一種語言，每次超過十五分鐘之久。他告訴我們，在十五分鐘之後，大腦便對所記內容失去了新鮮感。

美國著名心理學家詹姆斯教授也道出了一個記憶祕訣，他說：「我們的腦子，原是一架聯想的機器。如果在一陣沉默之後，突然要你記好，你當然會瞠目不知所對，因為你根本沒有什麼印象記憶了。這就是說，記憶必須有一個線索，如果我要你記憶自己的生日，或是早餐吃些什麼，或是記住了一曲歌譜，那你就當然可以立刻回答出來，因為有了聯想的線索，這聯想的線索控制了我們的一切思想。我們運用腦子，無非是受了聯想的系統所牽引！總之，凡是記憶，都靠著一個系統的許多聯想，而這良好記憶的祕訣，便是把我們要記的東西，形成許多的聯想。譬如，兩個經驗一樣的人，誰能把過去的經驗記憶聯想最多且最有系統，便是誰的記憶力好。」

例如，一個不大容易記憶的年代，你可以和已經發生重要事件的年代聯在一起，比如美國的南北戰爭的結束在一八六五年，是每一個美國人都不會忘記的。如果要他們去硬記蘇黎世運河的完工年代是一八六九年，那就困難了，要是叫他們改記南北戰爭結束後四年，一定較為容易。

道理就是這樣簡單，以上方法也很容易實踐。記憶是優秀口才必不可少的一種素質。沒有好的記憶力，要想培養出口才是不可能的。只有大腦中充分地累積了知識，你才可能張口即出，滔滔不絕。如果你大腦中空空如也，那麼你再伶牙俐齒，也無濟於事。

記憶與口才一樣，並不是一種天賦的才能，後天的鍛鍊對它同樣有著至關重要的作用，記憶力增強了，口才的提高也就指日可待了。

話術點睛

要想說話說得好，我們必須有好的口才。好的口才除了平時多加練習外，不斷累積詞彙，用的時候比較容易得心應手。

06 控制說話音量，「超音波」只會令人反感

爭論問題不在聲音高低，而在道理多少。

——日本諺語

當你與別人交談時，一定不可忽視自己的聲音，這是顯示你口才的一個主要因素。適當的音量是展示口才的一個重要因素，因此在與別人交談時，千萬不可忽視了自己的聲音。

除了在特殊場合下，如火車、飛機上，或者在機器轟鳴的工廠裡，不得已需要提高音量說話以外，平時沒有必要大聲說話。試想四周一片寧靜，或樹下談心，或圍爐敘

舊，高聲談話是如何煞風景啊！在客廳裡，過高的聲音會使主人討厭；在公共地方，同伴更會覺得難堪。

蘇珊是一家廣告公司的資深業務經理，她最關心和留意客戶的銷售問題，並總是樂於幫助他人解決，但她的聲音卻讓人聽來討厭，因為那尖叫的聲音就像一個小女孩發出的叫聲。

她的老闆私下說：「我很想提拔她，但她的聲音又尖又孩子氣，讓人感到她說的話缺乏認真。所以我不得不找一個聲音聽來成熟果斷的人來擔任此職。」

顯然，蘇珊是因為自己說話的音量不合適而失去了提升的機會。

有時，當我們想使自己的話題引起他人興趣時，便會提高自己的音量。有時，為了獲得一種特殊的表達效果，又會故意降低音量。但大多數情況下，應該在自身音量的上下限之間找到一種恰當的平衡。而當你內心緊張時，往往發出的聲音又尖又高。

查理是一家大型金融機構的投資研究部門經理。在平時的工作中，他總是表現得異常活躍和激動，為了讓大家聽到他所說的話，他總是大聲叫喊。每當他講電話時，隔幾個辦公室也能聽到他所說的每一句話。同事們對他的這種行為感到迷惑不解。

正所謂「有理不在聲高」，語言的威懾力和影響力與聲音的大小是兩回事。說話時音量的高低是否恰當、適度，影響著表情達意的準確程度，左右著聽者的聽覺感受、精神狀態，甚至關係到說話的成敗。尤其是在演講的過程中，缺乏經驗的演講者在這方面往往認識不足，有人氣如牛，聲如雷；又有人有氣無力，聲音出不來；還有人忽而大聲，忽而小聲，一下提高音量，一下壓低嗓音，讓人弄不清他的用意。

對於音量的控制還有一個妙用：運用音量的變化來吸引聽眾。人們常說：「會議中，大聲疾呼才是勝利者。」這是因為聲音大，具有擾亂對方說話的作用。

那麼，向來聲大如雷的人，如果突然變得輕聲細語，會帶給對方何種反應呢？一般而言，「輕聲細語」讓人聯想到悄悄話或祕密。因此，當對方忽然降低音量時，即使不是重要內容，也會讓人自然而然去細聽話中內容。

一次，在某大型會議上，因發電影票問題，引起與會者不滿。有幾個人怒氣衝衝地來到會務組興師問罪。會務組組長確實是語言心理戰老手，他向對方解釋時的聲音越來越小，嘴巴也越來越靠近對方的耳朵，最後簡直就是貼在對方的耳朵上說悄悄話。

對方的臉色也由陰轉多雲，多雲轉晴，最後，組長拍拍對方的肩膀，親熱地問了一句：「明白了吧？」對方點了點頭，微笑著告辭了。

事後，有人詢問組長：「組長，您跟他說了些什麼，這麼有效？」組長的回答令人大吃一驚：「其實我什麼也沒說！」

「那對方為什麼消了怒氣呢？」

「我跟他說話的方式使他消了氣。」

越是大聲疾呼，其接踵而來的輕聲細語也越具效果，說明兩者間有相輔相成的效果。因此，在會話中想領先一著，最好是音量大小配合。簡單地說，先以大聲疾呼來威嚇對方，再以輕聲細語來吸引對方的注意。把威嚇與引起注意的效果交替使用，即是利用兩者間的差距，讓對方在大聲疾呼和輕聲細語的輪流使用中疲於奔命，進而亂了陣腳。

話術點睛

有理不在聲高，說話的時候聲音太大，會給人吵架爭執的錯覺，容易引起別人的不快，所以，在與人交流的過程中，我們應該讓自己的音量保持的適當的分貝，太高或太低都不好。

07 加強訓練，你的音色如此與眾不同

聲音聽起來應當像意念的回音。

——蒲柏

一位女性，如果她的聲音清脆圓潤，不管到什麼地方，只要她一開口說話，所有的人都會洗耳恭聽，因為他們無法抗拒如此富於魅力的聲音。那種真誠、爽朗、充滿生命活力的聲音就像從乾裂的地面噴出的一股清泉，就像從靜寂的山谷湧出的一道急流，在每個人的心頭涓涓而流，恰似生命中最美的音樂。即便這位女士的相貌相當普通，哪怕有些醜陋，但她的聲音所帶來的魅力是不可阻擋的，並且也從某個層面象徵著她高雅的

素養和迷人的個性。

這裡所說的聲音是指音色。音色，也叫做「音質」，即人的聲音本質，由於每個人聲帶的不同，其音色也不一樣。有的人音色優美動聽，音質好的人透過訓練可能成為優秀的歌唱家、演講家；音質差的人更要訓練，變不利為有利，才能給人以美的享受。所以，音色訓練對每個人來說都是極為必要的。

在生活中，我們都喜歡聽那些飽滿圓潤、悅耳動聽的聲音，乾癟沙啞的聲音往往讓人生厭。所以鍛鍊出一副好嗓子，練就一腔悅耳動聽的聲音，是高超的當眾講話水準的必備條件。

練聲的方法主要分為兩步：

第一步，練氣

俗話說練聲先練氣，氣息是人體發聲的動力，就像汽車上的引擎一樣，它是發聲的基礎。氣息的大小與發聲有著直接的關係。氣不足，聲音無力；用力過猛，又有損聲帶。所以我們練聲，首先要學會用氣。

吸氣：吸氣要深，小腹收縮，整個胸部要撐開，儘量把更多的氣吸進去。我們可以體會一下，你聞到一股香味時的吸氣法，但注意吸氣時不要提肩。

呼氣：呼氣時要慢慢地進行，要讓氣慢慢地呼出。因為我們在演講、朗誦、論辯時，有時需要較長的氣息，那麼只有呼氣慢而長，才能達到這個目的。呼氣時可以把兩齒基本合上。留一條小縫讓氣息慢慢地通過。

學習了吸氣與呼氣的基本方法後，你可以每天到戶外、到公園去做這種練習，做深呼吸，天長日久定會見效。

第二步，練聲

一、音高與音低的練習

可選用一首古詩，如「離離原上草，一歲一枯榮。野火燒不盡，春風吹又生」來練習。

①先用低音說起，一句句地升高，然後再一句句地降下來。

②一句高，一句低，高低交替。

③每個字的音調由低向高，再由高向低。

二、音強與音弱的練習

①小音量練習，要求音量雖小，但吐字清晰。

②中音量（正常音量）練習，要求吐字清晰，抑揚有致。

③大音量練習，要求氣息強大，音色高亢響亮。

④三種音量，混合練習。

三、實音與虛音的練習

①實音練習。要求音色響亮、扎實、清晰度高。

②虛音練習。說話的氣息強而逸出較多，音量則有所控制，注意字音的清晰。虛音多用於表達感歎、回味、誇張等情感的語句中。

四、虛實結合練習

①明朗音色練習。這是我們說話常用的一種音色，要求輕鬆明快，朗朗上口。

②暗淡音色練習。暗聲的氣息深沉，共鳴點分散而靠後，音色偏暗，多用來表達憂傷、抑鬱的感情。

③明暗對比練習。透過明暗對比，更恰當準確地表達其思想感情。

五、剛聲與柔聲練習

①剛聲練習。要求氣息充足，音色響亮，鏗鏘有力，擲地有聲。

②柔聲練習。要求氣息舒緩，音色柔美，如春風襲人。

③剛柔對比練習。聲音能剛能柔，剛柔相濟，使聲音剛強中帶有柔韌，柔韌中富於變化。

聲帶活動開了，我們還要在口腔上做一些準備活動。我們知道口腔是人的一個重要的共鳴器，聲音的洪亮、圓潤與否和口腔有著直接的聯繫，所以不要小看了口腔的作用。口腔活動可以按以下方法進行：進行張閉口的練習，活動咀嚼肌，也就是面皮，這樣等到練聲時咀嚼肌運動起來就輕鬆自如了；挺軟齶，這個方法可以用學鴨子叫聲來體會。

人體還有一個重要的共鳴器，就是鼻腔。有人在發音時，只會在喉嚨上使勁，根本就沒用上胸腔、鼻腔這兩個共鳴器、所以聲音單薄，音色較差。練習用鼻腔的共鳴方法是，學習牛叫。但我們一定要注意，在平日說話時，如果只用鼻腔共鳴，那麼也可能造成音量太重的結果。

話術點睛

我們練聲時，千萬不要在早晨剛睡醒時就到室外去練習，那樣會使聲帶受到損害。特別是室外與室內溫差較大時，更不要張口就喊，那樣，冷空氣進入口腔後，會刺激聲帶。

08 說話流暢，對方才會對你的話更有興趣

一個人可能說話如智者，而行為像愚人。

——英國諺語

沒有人不想擁有行雲流水般的語言表達能力，可是怎樣才能做到呢？造成語言不流暢的原因很多，比如口訥、口吃、思維邏輯混亂等，但是這些障礙都是可以解決的，只要我們掌握了其根本原因，就可以消除這些阻礙，使說話流暢起來。

一、口訥

人人都希望自己語言流暢，出口成章。但不少人在人前講話卻十分費力，說出話來

結結巴巴，意思支離破碎。正如俗話所說：「茶壺煮餃子，肚裡有貨，嘴裡倒不出來。」這種現象叫做「口訥」。

口訥的人多屬於羞怯型。他們過分注意別人的評價，過分注意自己言語活動的細節，對自己說話過程中的失誤尤其敏感。這種太強的患失意識，往往干擾語言自動化的實行，造成表達的困難。你越是集中精力注意自己說話的動作，嘴就越發緊張得不聽使喚。

口訥的毛病是能夠矯正的。平日說話時儘量保持冷靜，放慢速度，等一句完整的話想妥了再張口；堅持練習朗誦，最好找一些上口、易記、接近日常用語的優秀散文作品，經仔細玩味後反覆朗讀，直到背誦如流為止。長期堅持下去，不僅可以豐富口語詞彙和表現力，而且能養成言語流暢、出口成章的習慣；多參加歌唱、演講等活動，多出頭露面，以克服羞怯心理，增強自我意識的耐受性。這裡有兩種循環過程：失誤、自卑，成功、自信，你要選擇哪一種呢？

二、口吃

「結巴」，是口吃的通稱，就是說話時字音重複或詞句中斷的現象。有些人在運用語言進行交際時會出現「結巴」的情形。要想治癒他們的「結巴」，除藥物治療外，更重要的是去除他們的心理障礙。

對待他們，首先不可取笑，更不能以此逗樂。其次要努力創造條件，不斷變換方式，消除其自卑心理，培養其說話的興趣。例如，我們可以有意識地和他們交談，態度要和藹，耐心傾聽，不時加以讚賞。可以請他們說一些親身經歷或耳聞目睹的事，他們對日常生活大都感受真切，這樣會增強他們說話的信心。

另外，有口吃的人不能消極地一味依靠外部力量，還要不斷地訓練自己。日本前首相田中角榮少年時代就是口吃患者，為了克服這個缺陷，他常常朗誦，慢讀課文。為了發音準確，就對著鏡子糾正嘴形和舌根部位，最後他終於成了一個著名的政治家、演說家。只要堅持不懈並保持良好的心態，相信一定會產生好的效果。

三、思維邏輯混亂

現實生活中常常有人由於缺乏必要的語法修辭知識，又不注意邏輯思維的訓練，導致說話時前言不搭後語，條理不清，邏輯混亂，因此邏輯思維不強也是語言不流暢的一大原因。這種詞不達意的言語，不但使對方聽著吃力，而且會阻礙交往的進程和深度，影響良好人際關係的建立，本人也會因此感到煩惱。要糾正這個毛病，應努力做到：

①多學習，勤實踐，講實效。除了看一些必要的語法、修辭和邏輯方面的書籍外，報紙雜誌上的好文章也在學習之列。多看多讀能培養語感，加強對語言的自發控制力；另外，平時應注意語言實踐，多聽、多說、多練，這樣能夠提高語言的敏感度、清晰度，增強語言材料的豐富性、邏輯性。

②有準備地發表自己的看法。說話前，特別是在敘述一件複雜的事情或者闡述某個觀點，或者駁斥某種論調前，最好先在腦子裡打一遍「草稿」，先思考，後表達，分層次，講條理，就會使言語的邏輯性大大提高。而對那些可長可短的話題，要力求短，對可有可無的鋪墊話語，則儘量不說。言簡意賅，反而能發人深省。

語言的邏輯性，來自於縝密的思考。這就需要把握問題的前因後果，對問題有獨到的見解，觀點鮮明，中心突出，層次清楚，並擺事實、講道理，來論證自己的意見，使人心悅誠服。

③克服緊張、焦慮、恐懼情緒，保持一個良好的心境。談話時態度沉著、儀表從容、不慌不忙、鎮定自若地闡述自己的看法，就會使語言自然親切、流利透徹，使人在

不知不覺中接受你的觀點。

總之，要增強自己口頭表達的邏輯能，應注重在實踐中不斷鍛鍊，在談話過程中發現漏洞，可及時採取措施加以補救。

另外，要做到語言流暢，就不能出現語病現象。常見的語病現象有以下幾種：

一、表述簡略

表現在其本人自認為表述完畢，而聽者卻還不知所云。即使是在敘事、狀物、抒情時，雖然對於話題的認識有一定深度，也同樣找不到話說，不得不三言兩語結束。

二、口齒不清

這裡指功能正常而「口齒不清」者，這種現象是與過去缺乏訓練有關。在口語表述時心裡一緊張，加之原本不習慣朗聲說話，結果難免使人感到口齒不清了。這種情況要糾正不太困難，只要有意識地加強朗聲閱讀和當眾表述的訓練即可。

三、表述散漫

其特點是表述時把握不住中心，東拉西扯而且越說越遠，甚至到後來連自己都不知道最初的話題是什麼了。

四、語不連貫

即同一話題有時可看做幾個子話題和分話題，話題的完整表述應該由各個分話題的完整表述綜合而成。而「不連貫」性則表現為多個分話題表述得不完整。

五、贅語過多

贅語詞佔據了表述時間，因此干擾了資訊的交流。

六、節奏過慢

即通常所謂的「拉長腔」。還有則是語句之間停頓時間過長，即所謂「半天說一句」的情況。有人覺得語言表述時間長、速度慢，顯得莊重穩健，能增加語言分量。其實，這也是一種錯覺。

糾正語病的辦法主要是接受系統的口語交際訓練，多做朗聲表述訓練。語流訓練是為了培養完整、準確的口語表達能力。因此，它包括儲詞、煉句和句式等方面的訓練。

一、儲詞訓練

儲詞訓練的方法有：

①「滾雪球」。先提出儲詞範圍，供大家商討，後舉手發言，其他人補充，最後講評歸納。經由不斷發現、補充新詞語，使「雪球」越滾越大。最好準備一個「儲詞本」隨時記錄。

②「堆寶塔」。在出示儲詞要求後，一個人只准說一個詞。第一人講出給一分，第二人講出給兩分，以此類推。隨著後面難度提高，得分越高。最後累計積分，評出優劣。

二、煉句訓練

煉句訓練的方法有：

①反例評析。主持人故意講一句或一段不精練的話，請大家筆錄下來，作為句子評析。如「在寫作這篇作文的時候，字數最多不得超過一千字。」這裡，「寫作」和「作文」、「字數」和「一千字」、「最多」和「不得超過」，均為不必要的重複。全句二十一個字，縮短成十個字就行了：「寫這篇作文，最多一千字。」

②「一句話新聞」。讓大家稍做準備，每人站起來，用一兩句話說一則新聞。說完後，將錄音重放一遍，先讓說的人作句子分析，然後大家從準確與精練兩個方面進行評析。

三、句式訓練

句式訓練的方法有：

①說——評：即先提出句式要求，由各人準備，然後圍繞一個話題互說、互聽、互評。

②聽——議：聽一段優秀演講錄音，進行句式的分析研究，指出各種不同句式的表達效果，展開討論。

掌握以上方法並且時刻鍛鍊自己，相信你一定能擁有說話如行雲流水般的好口才。

話術點睛

說話無法流暢，斷斷續續，別人可能會覺得你沒自信，或者覺得你言辭閃爍，不懷好意，因此對你產生防備甚至抵抗情緒。這一點，我們應該儘量避免。

09 培養節奏，抑揚頓挫下輕鬆掌控對方

語言的美樂調的美以及節奏的美，都表現好性情。

——柏拉圖【古希臘】

一個人說話的節奏，取決於說話的內容和交談雙方的語境，節奏要靠起伏的思緒遣詞造句，靠波動的情感多層衍進。因此，要想說話節奏得當就應該做到快慢有素。

節奏主要表現人心理的運動變化，不同的口語節奏具有不同的形象內涵和不同的感情色彩。適當的節奏，有助於表情達意，使口語富於韻律的美感，加強刺激的強度。

口才出色的人，就像一個出色的鋼琴家，將語言的節奏當做鋼琴的琴鍵隨意指揮，

彈奏出一曲動人心弦的「高山流水」。他們對語言節奏的掌握可謂隨心所欲。

下面幾種語言節奏較為常用，若能有效地掌握，也能起到打動人心的效果。

一、凝重型

這種節奏聽來一字千鈞，句句著力。聲音適中，語流適當，既不高亢，也不顯低沉，重點詞語清晰沉穩，次要詞語不滑不促。用於發表議論和某些語重心長的勸說、抒發感情。

二、輕快型

輕快型節奏是最常見的，多揚少抑，聽來不著力。日常性的對話、一般性的辯論，都可以使用這類型的節奏。

三、高亢型

高亢的節奏能產生威武雄壯的效果，聲音偏高，起伏較大，語氣昂揚，語勢多上行。用於鼓動性強的演說，敘述一件重大的事件，宣傳重要決定及使人激動的事。

四、緊張型

緊張型節奏，往往顯示迫切、緊急的心情。聲音不一定很高，但語流較快，句中不延長停頓。用於重要情況的彙報，必須立即加以澄清的事實申辯等。

五、低沉型

這種節奏具有低緩、沉悶、聲音偏暗的效果。語流偏慢，語氣壓抑，語勢多下行。用於悲劇色彩的事件敘述，或慰問、懷念等。

六、舒緩型

舒緩型節奏，是一種穩重、舒展的表達方式。聲音不高也不低，語流從容，既不急促，也不大起大伏。說明性、解釋性的敘述，學術探討等宜用這種節奏。

以上六種節奏分別用於不同的場合、不同的環境，但又互相滲透，有主有輔，只有適當把握，才能顯示出技巧的內在力量。而有些人對語言的節奏毫不留意，常犯語言的八大禁忌：

一是連篇累牘、語無倫次、無的放矢、文不對題的廢話。

二是顛三倒四、七拼八湊、文理不通、是非混淆的胡話。

三是荒謬絕倫、子虛烏有、裝腔作勢、故作高深的玄話。

四是濫用辭藻、自鳴得意、吟風弄月、華而不實的俏話。

五是牽強附會、大言不慚、含糊其辭、模棱兩可的混話。
六是張冠李戴、不著邊際、平淡乏味、冗詞贅句的空話。
七是言不及義、陳詞濫調、千篇一律、人云亦云的套話。
八是無中生有、低級趣味、風花雪月、鬥雞走狗的俗話。

話術點睛

一個講話缺乏節奏感的人，其語言聽起來讓人感覺平淡呆板。而一個講起話來節奏感強的人，語言抑揚頓挫，必然會對他的聽眾產生極大的吸引力。因此說，語言節奏不僅是說話者感情的表露，更是其思想水準和涵養的體現。

10 不同的語氣，向對方展露不同的意思

講話氣勢洶洶，未必就是言之有理。

——薩迪【伊朗】

語氣是在人們長期的使用過程中逐步形成的，因此它有其特定的穩定性，一般不以個人的意志為轉移。比如我們不能用大聲吼氣來抒發自己的柔情蜜意，也不能用粗聲粗氣來稱讚別人，更不能用惡聲惡氣來表現我們激動的心情。否則我們將不能正確地表達我們的本意，甚至還會招致麻煩和痛苦。

這樣看來，在說話時，我們一定要遵循聲和氣的語義特點，選用適當的語氣。語氣

在不同情況下有不同用法。比如：

一、慷慨激昂的語氣

慷慨激昂的語氣給人以氣壯山河之感，其酣暢磅礡的氣勢將增強語言的震撼力量。

二、抑揚頓挫的語氣

就是指句子裡高低升降、輕重緩急的變化。同樣一句話，語調升降變化和輕重緩急不同，所表達的意思就有可能不同，甚至會截然相反。抑揚頓挫可以加強語氣，抓住聽眾的情緒，打動他們的心弦。

三、平和舒緩的語氣

我們有時置身於某些特定的場合中，說話時不宜高聲喧嘩、慷慨激昂，需要用平和緩慢的語氣，起到「潤物細無聲」之效。

語氣能夠影響聽者的情緒和精神狀態。如，喜悅的語氣帶給對方喜悅之情，憤怒的語氣則會引發對方的憤怒之意，埋怨的語氣會使對方牢騷滿腹，生硬的語氣會使對方感到不悅，等等。

語氣是有聲語言的最重要的表達技巧，因為說話語氣往往是一個人內心的潛意識的表露。只有掌握了豐富、貼切的語氣，才能使我們在交際中贏得主動。

話術點睛

在口語表達過程中，語氣的變化不僅可以反映講話者的喜怒哀樂等情緒，還可以展示內容的邏輯性和形象性；語氣不僅可以使語言表達更順暢，在表情達意方面，有時甚至超過語言本身。為此，我們一定要把握好語調，讓我們的口語真正顯得聲情並茂、充滿生機。

11 適當停頓，對方會對你的話欲罷不能

深奧的思想是用凝練的語言來表達。

——陳矣

在口頭表述中，詞語之間、句子之間、層次之間、段落之間在聲音上的間斷稱為停頓。說話時如果不注意語音停頓，就不能很好地傳情達意；如果停頓得不恰當，則可能造成表意的錯誤。

因此，恰當地處理語言交流中的停頓，不僅是表達說話意圖的需要，而且是增強語言表現力和精確性的需要，是有聲語言表情達意的必要手段。在一般情況下，停頓可分

為以下四種：

一、邏輯停頓

文字語言中寫有標點的地方一般需要停頓，但在一個句子中間，為了準確地表達語意，揭示語言的內在聯繫，可根據文義，合理地劃分片語，做一些適當的停頓。片語之間的停頓千變萬化，是停是連還須以表意準確清晰為出發點，做出適當的選擇。

二、語法停頓

標點符號是語句停頓的主要依據。不同的標點符號包含著不同的內容，因此其停頓的時間、方式也不一樣。一般情況下，段落之間的停頓時間最長，句號、問號、感嘆號停頓的時間次之，逗號、分號、冒號再次之，頓號的停頓時間最短。

三、感情停頓

亦稱「心理停頓」，是為了表達語言蘊涵的某種感情或心理狀態所採取的停頓。恰當地運用感情停頓，可使悲痛、激動、緊張、疑慮、沉吟、回憶、思索、想像等各種感情和心理狀態的表達更加準確。感情停頓是一種極其重要的語言表達技巧，它能充分展現「潛台詞」的魅力，使聽眾從「停頓」中，體會語言的豐富內涵和難以言表的感情，進而使語言更加生動。

四、生理停頓

即停下來換口氣，一般來講，生理停頓是與以上三種停頓結合在一起進行的。這種停頓必須服從語法、邏輯和事態的需要，一般不會單獨進行。

在文言文中，沒有標點標示出應有的停頓，巧妙地改變斷句或標點，能使語言的停頓、組合關係以及思想內容發生微妙的變化，因此，很多靈巧之士常用此法大做文章。

要掌握停頓藝術，還要把握停頓的疏密長短和停頓的氣息處理。停頓的氣息處理，必須根據語言的內容合理控制，有時急停，有時徐停，有時強停，有時弱停。這種氣息強弱急緩的變化，是停頓表情達意的必要手段。

停頓既是生理上的需要，也是有效交際的需要。從生理上來說，說話者為了換氣和讓聲帶作一短暫休息需要停頓；而從交際的角度來看，為了讓對方或聽話者聽懂一層意思，認識一個事物，也必須有一個從「入乎耳」到「著乎心」的過程，總要讓對方有一點點在腦子裡「轉一轉」的時間。

通常，一句話之間是否有停頓，在什麼地方使用停頓，所表達的意義大不一樣，有時甚至意思完全相反。

抗日戰爭時期，日本人對解放區實行封鎖、禁運，一些漢奸特務則賣國求榮，為其宣傳造輿論。一天，漢奸在牆壁上刷寫了這樣一幅標語：「不准運糧給國軍吃！」

有幾個孩子看了，悄悄地商量後，偷偷地在標語上加了一個逗號，改成：「不准運糧，給國軍吃！」

漢奸知道後，氣急敗壞，只得把標語鏟掉了。

要掌握停頓的藝術，還要掌握停頓的疏密長短和停頓的氣息處理。一般來說，句子越長，內涵越豐富，停頓就越多；句子越短，內涵越少，停頓也越少；表現回味、想像等心理狀態和凝重、深沉的感情，停頓較多，時間較長；表現明快的節奏和歡快的心情，停頓較少，時間也短。

停頓訓練要從語法停頓、邏輯停頓、感情停頓、生理停頓等概念的理解，和各種標點如何停頓的方法介紹開始進行，逐步深入到個體語言現象的分析，歸納出語流中的間隙停頓的規律。在此基礎上，進行語段訓練，錄音後逐句評析。

可以根據要求作以下停頓設置練習：

一、作呼應性停頓練習：「現在播送中央氣象局今天早晨六點鐘發佈的天氣預報。」（在「播送」後停頓，以表示與「天氣預報」的回應關係。）

二、作並列性停頓練習：「過去我們沒有被困難嚇倒，現在我們也不會在困難面前畏縮不前。」（在「過去」、「現在」後安排停頓。）

三、作區分性停頓練習：「中華隊打敗了美國隊獲得冠軍。」（若在「了」後停頓就會產生歧義，應在「美國隊」後停頓。）

四、作強調性停頓練習：「台灣第一高峰玉山，被我們征服了！」（在「被我們」後作較長停頓，以突出征服玉山的英雄氣概。）

五、作情緒轉換性停頓練習：「本以為可以看到壯美的日出，卻淅淅瀝瀝下起雨來。」（在「日出」後延長停頓，表達熱切希望心情的延續與情況突變的心理暗示。）

六、作回味性停頓練習：「心靈中的黑暗必須用知識來驅除。」（這句名言在「暗」字處停頓，給人留有思辨回味的餘地。）

七、作生理性停頓練習：「我……我丟了佛萊思夫人的項鍊了。」（在「丟了」、「夫人」後增設停頓，表現因驚懼而口舌不靈。）

八、作領屬性停頓練習：「他當過營業員，在報社做過記者，也做過電工。」（在「他」後作比後面逗號更長的停頓。）

話術點睛

要進行停頓訓練，就要從語法停頓、邏輯停頓、感情停頓、生理停頓等概念的理解和各種標點如何停頓方法的介紹開始進行，再逐步深入訓練，將自己的講話錄音後逐句評析，能夠對停頓訓練有著很好的效果。

12 糾正不良發音，確保字正腔圓

人有一雙眼，但只有一根舌頭，所以我們要加倍地觀察，而不是要饒舌。

——科爾頓

我們所說出的每一個詞、每一句話都是由一個個最基本的語音單位組成，然後加以適當的重音和語調。正確而恰當的發音，將有助於你準確地表達自己的思想，使你心想事成，這也是提高你言辭效果的一個重要方面。只有清晰地發出每一個音節，才能清楚明白地表達出自己的思想，才能自信地面對你的聽眾。

相反的，不良的發音將有損於你的形象，有礙於你展示自己的思路和才能。如果你說話發音錯誤，並且含糊不清，這表明你思路紊亂、觀點不清，或對某一話題態度冷淡。當一個人沒有很大的激勵作用而又想向他人傳遞自己的資訊時通常如此。令人遺憾的是，許多人經常出現發音錯誤並養成一種發音含糊的習慣。

口語主要是依靠聲音傳播資訊，進行交流。口語的聲音是以每個轉瞬即逝的音節組成的，某些音節又相似易混，如果發音不標準，很難聽清楚。所以，在口語表達上一定要注意發音準確，吐字清晰。

第一，要念準字音。念準字音是有效交流的第一要素，要念準字音就要盡可能使用普通話，避免方言發音帶來的誤讀誤聽。

第二，一定要避免讀音錯誤。漢語的語言非常複雜，尤其是一字多音的異讀變化和某些疑難讀音，確實難以完全讀準。這就需要下工夫苦練。

在日常生活和工作中，不識某字，不辨某詞的情形，每個人都會遇到，但在語音辨析方面，要注意避免「想當然」、「讀半邊」的錯誤，平時要多掌握一些一字多音的異讀。

第三，要想發音圓潤，還要透過刻苦的訓練和發音運氣訓練來加強。

一、口部訓練

口部的開合練習。張嘴像打哈欠（打牙槽），閉嘴如啃蘋果（鬆下巴）。開口的動作要柔和，兩嘴角向斜上方抬起，上下唇稍放鬆，舌自然平放。經常做這個練習，可以克服口腔開度小的問題。

咀嚼練習。張口咀嚼與閉口咀嚼結合進行，舌自然平放，反覆練習即可。

雙唇練習。一個方法是雙唇閉攏向前、向後、向左、向右、向上、向下及左右轉圈。另一個方法是雙唇打響。

舌部練習。舌部練習方法較多，分列如下：舌尖頂下齒，舌面逐漸上翹；舌尖在口內左右頂口腔壁，在門牙上下轉圈；舌尖伸出口外向前伸、向左右伸、向上下伸；舌尖彈硬齶，彈上唇，練習其彈性；舌尖與下齒齦接觸打響。

二、呼吸發聲練習

慢吸慢呼。立定站穩或一隻腳稍向前，雙目平視前方，頭正，雙肩放鬆，用鼻子吸上一口新鮮空氣。保持幾秒鐘，然後再輕緩地呼出。

快吸慢呼。當你看到一封意想不到的來信時，你會迅速而短促地吸一口氣，並保持氣息，喊一聲「啊」，然後保持著吸氣狀態。你可以經常假想這種狀態反覆練習，可以延長呼氣時間，對吐字清晰、掌握運氣有幫助。

上述方法，只要持續練習，就可以使你的發音準確，使你的音色圓潤。

話術點睛

發音不準，口齒不清的人說話，總是容易讓別人聽不懂，嚴重的還會讓別人產生不好的印象或是嫌棄的感覺，所以，我們應該儘量讓自己的吐字發音標準一些。

13 提升語速技巧，增強表達效果

別讓你的舌頭搶先於你的思考。

——德謨克利特

有人講話，忽快忽慢，快慢錯位，不善於運用語速技巧，就會影響表達效果。交談中，如果講話的速度過快，經由耳朵傳至大腦的資訊過於集中，會使人應接不暇、顧此失彼，甚至讓人精神緊張。

雖然有些人說得快而清楚，可是大多數人卻是快而含混，別人聽了等於沒聽。因說話太快而導致字音不清，固不足道，即使快而清楚，也不足為法。你雖有說話快的本事，但聽者不一定有聽話快的本領。說話的目的在於使人全部明瞭，別人聽不清楚就是白費口舌。訓練自己說話時，要聲音清楚、快慢合度。說一句，人家就聽懂一句，不必再問，你要明白的是，陌生的或職位低的人是不太敢上前請你重說一次的。

請大聲朗讀下列這段史蒂芬．懷斯的演講詞，並以手錶計時，滿六十秒時停止，在念到的最後一個字上做個記號：

「林肯的一生都不斷受到誹謗及中傷，然而一個人一生中的誹謗並不能代表他的生命價值，也不能為歷史裁斷做預測，看來似乎偉人一生的不朽的光榮可以由他們在世時受到的詆毀及否定而預見。但一個酷似林肯的人出現時，我們應辨認出來並適當地尊崇他。以假設林肯的種裔已從世上消失，及我們也再不會看到像他那樣的人，是敬悼林肯最糟的方式。另一項確證林肯種裔消失的方式，便是假設另一個林肯永遠不會出現。

林肯已經成為我們對於人類價值的準繩了：我們也已用最接近亞伯拉罕．林肯的標準來衡量對人的尊崇。其他的人也許會像他，趨近他，但林肯仍然是用來衡量及評估的準繩。」

要是六十秒時你尚未念到「林肯永遠不會出現」，你說話的速度就太慢了。要是你念到第二段中間，就表示你有點口齒不清，念得越快就會越含糊，喪失平滑圓順。

要是你每一分鐘的說話速度不及一百一十個字，你最適合的工作就是擔任「催眠師」，因為你可以不費吹灰之力便能使你的聽眾入睡。

但這只是某一種語境下的語速把握，每個講話過程，正如確定語調一樣，要有個基本語速。語速受制於講話語境。

一、說話環境及說者心理狀態影響語速

比如，情況緊急時，語速就要快些；情緒激動時，或興奮，或惱怒，也會不由自主地加快語速；為了加強語勢，引起聽者注意，也需要加快語速。

二、講話內容也影響語速

無關要緊的事，語速快慢皆無妨；重要內容，需強調的內容，語速應適當放慢，讓人聽得清，便於理解。

三、講話對象也制約著語速

對方是老人、孩子及文化水準不高者，語速要適當放慢；對方年輕，聽辨能力強，或是個急性子，語速應適當加快。一般情況下，以中速為宜。

確定基本語速，並不是從頭至尾一個速度、一種節奏，並不是「和尚念經」。正確的做法是根據語境變化而變換語速。語速同聲調一樣，按一定節律變化，即構成一種節奏美。語速的變化，可以淋漓盡致地表達說話者的感情。

下面以亨利的演講《訴諸武力》的結尾處為例進行說明：

「迴避現實是毫無用處的。先生們會高喊：『和平！和平！但和平安在？』實際上，戰爭已經開始，從北方刮來的大風都會將武器的鏗鏘迴響送進我們的耳鼓。我們的同胞已身在疆場了，我們為什麼還要站在這裡袖手旁觀呢？先生們希望的是什麼？想要達到什麼目的？難道生命就那麼可貴？和平就那麼甜美？竟值得以戴鎖鍊、受奴役的代價來換取嗎？全能的上帝啊，阻止這一切吧！在這場鬥爭中，我不知道別人會如何行事，至於我，不自由，毋寧死！」

這段演講，開始幾句平穩緩慢，從內心發出質問：「和平安在？」接下來加快，說明現實的嚴酷。演講者激情迸出，向「先生們」發出串串質問。「全能的上帝啊，阻止一切吧！」這裡呼喚上帝，乞求得到一種救世之法，發於心中，速度可慢。最後「不自由，毋寧死！」戛然而止，猝然終結，感情達到高潮。

當眾講話時要掌握好語速，何時快，何時慢，何時停頓，要能恰當自如地做節奏調整。善用語速技巧的講話者，無疑會增添講話的吸引力，給人穩重、自信之感。工作頭緒紛繁，緊張忙碌，易導致講話失調。總之當快則快，當慢則慢，快慢適中，圓潤順暢，這是掌握語速技巧的真諦。

話術點睛

要是說話太快，別人就聽不懂你在說什麼，而且還會令人喘不過氣來。但是太慢，人們根本不想聽你說。適當的說話速度，約為每分鐘一百二十個字到一百六十個字之間。朗讀的速度通常要比說話稍快，說話速度不宜固定，因為思想、情緒會影響音速。增加效果的停頓及速度變化，都能豐富句子的變異。

14 有活力的聲音才是最美的

無論什麼聲音，總是有人愛聽的，正如最難吃的點心對有些人來說也是可口的一樣。

——班・強生

有活力的聲音能給別人帶來更多的感動和認同，比如，響亮而生機勃勃的聲音給人充滿活力與生命力之感。當你向某人傳遞資訊、勸說他人時，這一點有著重大的影響力。當你說話時，你的情緒、表情跟你說話的內容一樣，會帶動和感染你的聽眾。

有一家大型股份有限公司的三位副總準備向幾位電腦專家介紹公司的情況，這三位副總沒有一個人懂得電腦知識，但他們都是極有權威和影響力的人士，所以他們根本不會因為自己缺乏某一專業領域的知識而向他人表示歉意。他們各自站了起來，宣讀了自己準備的資料，但聲音平淡而毫無生機，無法引人注意，幾位電腦專家也弄不懂他們到底說了些什麼。

要使自己的聲音充滿活力，則要注意重音，即根據表情達意的需要，把重要的音、句或語意強調說出，使說話者的思想感情表現得清楚明晰，以引起聽話者留意並加深他們的印象。說話的聲音不可千篇一律，而要透過輕重抑揚來恰到好處地進行表達。說話的內容不同，形式也隨之有別，有辯論說理的，有敘述說解的，有控訴聲討的，有宣傳鼓動的，還有傾訴感情的。

說話中帶有技巧性的重音，主要有強調重音和感情重音。強調重音表示特殊意義，用來強調和突出說話中的某一方面。它一般用在一句話上。如何用法？重音的位置在哪裡？原則上以說話者的意圖為依據。

感情重音，它的作用在於幫助說話者突出某種情緒，增強說話的感染力，其運用應根據說話內容而定。當然，聲音的輕重是相對而言的，運用重音時要考慮整個說話內容，輕重抑揚，緊密結合，使整個說話充滿活力與激情。

聲音可以使人對你產生極美好的幻覺，也可以使人產生最惡劣的錯覺，它能在你疲倦時讓別人感到你仍「精力旺盛」，能在你七十多歲時還使人覺得你仍「年輕」。但千萬小心，別在你精力充沛之際讓人感到你很「疲乏」，在你成功時讓人感到你剛剛「受挫」，當你依然年輕，竟有人感到你「老了」！

別讓聲音洩漏年齡，除非你還很小。羅斯福即使在最後幾次演講中——那時他早已病入膏肓——仍然竭力設法使自己聽來年輕富有活力。邱吉爾一直到他肩膀渾圓、步履維艱時，聲音依然保持舊況。

別使人感到你的疲乏，要是你在聲音中注入活力，他很可能會受到你的影響而振奮起來，聲音是會傳染的。

話術點睛

聲音色彩是感情色彩的外部體現，聲音色彩與感情色彩之間有一定的對應關係。當人心情愉快時，聲音是明朗的；而抑鬱不歡時，聲音就較黯淡。若沒有這種對應關係，就不可能用聲音傳遞情感資訊，也就無法引起對方情感上的共鳴。

PART 5

話語掌控力的訓練方法

01 熱身，讓身心進入掌控狀態

成功的法則應該是放鬆而不是緊張。

——馬克斯威爾・瑪律茲【美國】

要想出色地用話語掌控別人，需要綜合大腦、情緒和身體等，並且在開口之前就要做好準備。在說出自己的觀點之前，你需要進入狀態，讓你的大腦、精神和身體全神戒備，讓你可以有充分的自信、沉著來用語言表達你要表達的內容。

大家都知道，不管是運動員還是演員，他們都必須反覆不停地練習自己的技能，並且在比賽或演出的那一天到來時，做好充分的準備，這樣無論現場出現什麼情況，他們都可以沉著應對。我們說話也是一樣，在開口之前，需要留意自己的身體狀態，調整自己的心理狀態，想像自己走上講台，面對一群人發言時的情形。只有這樣，你才能在交流的過程中遊刃有餘。

那麼，怎麼做準備呢？除了平時語言修練的累積，還需在說話前做好其他一些幫助臨場發揮的準備。比如，你的身體必須做好相應的準備。例如，你如果去外地談判或演講，那麼最好提前一天到達，這樣，一方面可以讓自己有足夠的時間休整，另一方面也可以適應環境。這樣你就可以有充分的時間做好準備，而不是拿著在飛機上倉促寫好的稿子匆匆上場。要保持體內有足夠的水分，但在上場當天，要儘量少喝咖啡或酒，也別吃辛辣或有異味的食物，以避免說話的過程中口乾或者口中異味。

更重要的是，你需要在與人交流前做一些運動，舒展一下自己的身體，讓你的身體變得更加靈活，這樣你在一天當中都可以輕輕鬆鬆地呼吸和活動。

你可以這樣做：首先，清晨從床上爬起來之前，先像貓咪一樣舒展一下筋骨。下床之後，舉起雙臂，用力向上伸，努力去觸摸天花板，吸氣，默數一到五，然後慢慢呼氣，彎腰，用手去觸摸腳趾，然後放鬆你的雙臂和雙手，讓它們在你面前保持自由下垂狀態。這樣一來，有助於幫助你說話時避免顯得無精打采，這是你話前熱身必須做的，否則，呈現給對方萎靡不振的狀態，是不可能很好地達到掌控效果的。

話術點睛

與人交流前，讓自己的身體處於一種放鬆的狀態十分有必要，否則，僵硬的肢體會加重你內心的緊張，很可能最終導致交流失敗。

02 觀察他人談話，並進行聯想

有想像力而沒有鑑別力是世上最可怕的事。

——歌德【德國】

在一次重要交流前一週，你就可以開始幫自己做好準備，訓練你的大腦，讓自己逐漸進入狀態。具體可以從觀察別人談話入手，並適當進行聯想。那麼具體怎麼做呢？一般的做法如下：

一、你可以看一場自己早就想看的電影。毫無疑問，你的目的並不是單純的娛樂，你更應該把它看成是一個學習的過程。在隨著情節一步步深入的過程中，你需要觀察並仔細聆聽演員的話語，不是聽他們在說些什麼，而是觀察他們講話的方式、語調的變化、講話的節奏等。儘量去模仿他們的風格，注意他們的聲音什麼時候會變得柔和，什麼時候會提高嗓門，什麼時候會變得更加激動，什麼時候會更加自信。

二、去博物館參觀，仔細研究其中的藝術品，並把自己想像成一名評論家。問一下自己，如果是你的話，你會怎樣評論眼前這幅作品？設想你和其他幾位評論家在進行對話，研究整件作品的構成。如果是一個靜態的場景，你會怎樣建議作者改進呢？其他因素，比如畫布的質地選擇等等，你會給創作者怎樣的推薦呢？

三、去參加一場舞會或者去聽一齣歌劇。仔細觀察表演者們的動作，注意他們雙手的位置，留心他們臉部的表情。想想看，他們是如何融入角色，觸及觀眾內心的！仔細研究他們的行為，把對你有用的部分應用到你的身上。

四、去觀看一場喜劇表演。仔細分析你到底為什麼會笑，是因為對方的表演方式，還是語言對白？注意體會整個會場的氣氛。體會笑聲是如何把觀眾聯結在一起的。你是否也被這種氣場所影響？觀察觀眾是如何反應的，或者當表演者談到一個大家都有過類似經歷的話題，比如婚姻、離婚等，大家是如何反應的。然後，你可以根據自己思考的結果，重新組織自己演示中使用的語言，想想看，你還可以做出哪些修改。

下面我們將具體向大家介紹一種非常簡單的聯想方法，比如你獨自在自家的庭院裡，你可以想像自己正在演講，想想看，此時你看起來怎樣，精神狀態好嗎？你走路的樣子是怎樣的？你的聲音是怎樣的？你口齒是不是清晰等？另外，你還可以努力聆聽自己的呼吸——吸氣、呼氣，你覺得自己緊張嗎？想像你開口說話時的節奏，並且停頓一下以示強調，然後感受周圍頓時安靜下來的感覺。

多幾次類似的練習，會讓你更好地掌握與別人交流的方法和技巧。

話術點睛

平時多做一些聯想，有助於交流過程中靈活應變，畢竟很多場景你都曾自己聯想過，也想過相應的應對方法，到時只要適當利用就可以了。

03 調整呼吸，控制聲音

只有那些懂得控制自己的缺點，而不讓這些缺點控制自己的人，才是強者。

——巴爾扎克【法國】

淺度呼吸和聲帶發緊是人疲倦的兩大要素，講話也會耗費巨大能量。很多從事過廣播和歌唱工作的人都明白這一點，而一般人其實都不懂得如何利用自己的聲音。

某聲音教練曾經講過一個關於他本人的故事：「很多年前，我講話的時候喜歡喋喋不休，我的這個習慣總是讓我聲帶發乾。」當別人問他怎麼解決這個問題時，他說他曾經去看過耳鼻喉科的多位醫生，對方都建議他應該放慢語速，多做停頓，並且在停頓的時候加強呼吸。

「後來，我強迫自己放慢語速，刻意把每次呼吸時間延長幾秒鐘，我用了一個星期時間，」他說，「我知道這讓每個跟我談話的人感覺無法忍受，可是只有這樣，我才能改掉自己的壞習慣。這不僅可以拯救我的聲帶，還可以在呼吸之間更好地理清思路，讓我的思維變得更加清晰、簡潔。」

「要想克服怯場，讓自己內心平靜下來，我推薦大家做深度呼吸練習。具體的做法是：先躺在地板上，拿一本大書或者幾本捆在一起的書放到肚子上。然後深吸一口氣，最大限度地壓縮自己的腹部，同時慢慢地將體內的空氣呼出，這時再用兩隻手同時擠壓腹部肌肉。然後再放鬆一、兩分鐘，接著重複大概四次。第四次之後，大家可以休息大概兩分鐘，然後慢慢坐起，隨後站起身來——記住，一定要先坐起，稍微休息一下，再慢慢站起。在過程中，大家一定要按照同樣的順序進行練習。」

我們在練習呼吸控制的時候可以適當借用這位教練的方法，相信也會有一定的幫助。

話術點睛

與人交流時，呼吸急促，對方很容易會聯想到我們處於緊張狀態，也會覺得我們不是很自信，內心充滿不安，由此對方會更加自信，而我們很自然就處於下風。所以，平時我們一定要試著練習調整自己的呼吸，以便臨場不會因為呼吸而誤事。

04 學習駕馭你的聲音

破鐘敲不出好聲音。

——富勒【英國】

大多數人每天都會說很多話，尤其是在通電話的時候更是如此。可以說，電話和麥克風是破壞聲帶的罪魁禍首之一，但儘管如此，我們還是離不開它們。問題是，我們怎樣才能在使用電話的同時保護好自己的聲帶呢？

下次講電話時，你可以留意自己的感受，體會一下你在提高嗓門時聲帶是如何慢慢變得緊張的，感受一下是否脖子周圍的肌肉逐漸擠在了一起，同時，一定要留意你的喉部是否開始發緊，如果這種情況長久下去，可能會給你的聲帶帶來災難性的後果。

回想一下，你在電視上是否聽到過有些政客在演講時有嘶吼的感覺，其實那不是為了製造氣氛，更多是聲帶的問題。這時不僅他們說話很費力，我們聽起來也很不舒服。而且更為糟糕的是，它會大大破壞他們在對方心中的形象。試問：如果一個人連自己的聲音都照顧不好，我們還怎麼相信他能照顧好整個國家或公司呢？

那麼如何駕馭我們的聲音呢？為了幫助大家更好的駕馭自己的聲音，下面我們介紹幾種發聲練習小方法：

一、把雙拳放在胸部，用力下壓，同時大聲說：啊、咳、哈、嘿、謔、嘛、呢、哄……不斷重複。這項練習可以幫助你更好地發聲。

二、用盡全身力氣深吸一口氣，慢慢呼出。努力將呼氣時間維持在二十五秒鐘以上。每天重複練習三次。這項練習可以幫助你加強橫膈膜肌肉，增加你聲音的持久性。

三、從右往左、從後往前活動下巴，速度要快。晃動下巴過程中，儘量發出聲音。先一邊動下巴一邊發聲，然後慢慢地不動下巴發聲，這項練習可以讓你的聲音更有感染力。

四、呼氣的同時發出諸如「哦呀」之類的聲音。在大叫的同時延長某個音節，比如在發「啊喝」的時候，停留在「啊」上面的時間儘量長一些。這項練習可以讓你的聲音更清晰。

話術點睛

要想說好話，就要先掌控好的自己的聲音，讓聲音在適當的時候配合情感發出。所以，平時我們也應該有意識的對聲音進行一系列的掌控訓練。

05 在鏡子前透過視覺訓練自己

一個人的面孔通常會比他的舌頭說出更多有趣的事，因為面孔是他所說一切的概要，是他思想和志向的縮寫，舌頭只能表達一個人的思想，而面孔卻能表達他的本性。

——叔本華【德國】

也許某一天，你還在為第二天的演講而心神不寧，拿著背得滾瓜爛熟的演講稿，你心裡還是有很多的不確定，這時，你需要的就是讓自己充滿自信。首先，你得準備一面鏡子，大到足可以照見你的全身。然後對著鏡子，脫稿進行你的演講。

在演講的過程中，你要仔細觀察你的每一個動作和手勢，看他們是否有不妥之處，例如你的眼神裡毫無生氣，或者你的手絞在一起，青筋暴露等等。演講完畢後，你再進行聯想，想像自己是一位觀眾，你是否會被自己的演講所吸引，是否還有哪裡需要改進。

在進行完這一番聯想和改進，直到你認為已經完美之後，就可以安然入睡，不為第二天的登台而感到惴惴不安了。

話術點睛

使用這種方法時，你一定要記住，你在鏡子裡看到的你就是你自己。你心裡要時刻默念，把最好的自己展現給觀眾。

06 進行攝影，分析對自己說話的感受

文明的最高表達方式並非藝術，而是人們強烈地感受到的、並互相給予對方的高度的溫柔體貼之情。

——諾曼・卡曾斯【美國】

當然，有時鏡子並不能完全反映出你的全貌，這時我們給你的建議是，你還可以選擇錄影。首先你可以找一個光線較合適的地方架設好錄影機或手機，並選好角度，特別是你自身的角度。要知道，我們的左半身和右半身給人的感覺是不一樣的，你要選好自己最完美的一面展現。

然後就站在錄影機前，這是最好也不要拿著稿子。想像自己充滿自信的樣子，聲情

並茂地進行演講。

錄影完成後，你可以過十分鐘再看，利用這一段時間，你好好沉澱一下，平撫一下自己的心緒。然後讓自己完全變成一個觀眾，帶著批判的眼光開始看你的錄影。

看完後，你可以拿起筆和紙，寫出你心中最真實的感受：例如：錄影中的這個人哪裡最吸引人，他在演講過程中的聲音、聲調、手勢、臉部表情、停頓等給你什麼樣的感覺，你是否覺得已經完美，如果不夠完美，還有哪些需要提升；哪些語言屬於贅述可以刪除，等等。

這些可以讓的練習效果達到最大，整個過程也變得更加順暢、自然。進而讓你有完全掌控這次演講的感覺。

話術點睛

雖然很多明星政要都習慣用在攝影機面前展示自己，但他們也承認，這和現實的他們還是有一定的差距，我們的講話面對的畢竟是真實的聽眾，因此，更重要的是我們培養起自信心和臨場應變的能力。

07 注意你的形象與穿著

無論如何，一個人應永遠保持有禮和穿著整齊。

——海頓斯坦【瑞典】

如果你想練就具有高超話語操縱力的人，塑造一個良好的形象必不可少，這就是所謂「工欲善其事，必先利其器」是也。

大家都知道，初次見面時的第一印象往往十分重要，而人們在一見之下，首先引起他注意的往往是服裝和儀表。所以要有一個好的形象，就必須從最基本的服裝穿著做起。

對服裝和儀表最起碼的要求，就是要乾淨、端莊、整齊，給人清爽、精神的感覺，使人看了比較舒服。服裝和儀表，並不僅僅是一個外在形象的問題，也是一個人內在涵養的表現和反映，良好的形象是外表得體和內涵豐富的統一。如果你穿著整潔、大方，對方會比較容易接受你、喜歡你。

一九六〇年尼克森與甘迺迪競選總統，就當時的政治影響來說，尼克森成功的可能性遠遠超過甘迺迪，可是，投票結果甘迺迪勝利了。其中一個重要原因就是甘迺迪打扮得衣冠楚楚，精神飽滿，氣宇軒昂，變化了自己的形象；而尼克森由於患病剛癒，面容憔悴，精神不振，打扮時衣服寬大，難具魅力。

甘迺迪的勝利在一定程度上反映了正確著裝的重要性。著裝藝術還會直接反映出人的修養、氣質和情操，它往往能趕在別人認識你或你的才華之前，向別人透露出你是何種人。因此，我們在這方面稍下一點工夫，一定會給別人良好的第一印象，後面做起事情來也會事半功倍。

當你意識到著裝打扮的重要性時，還完全不夠，如果你不會挑選、搭配，恐怕你的形象意識也是起不了作用的。那麼，如何讓自己的穿著得體呢？首先，要根據自己的體型來選擇服飾款式。下面就為大家分別介紹：

一、矮胖體型的著裝原則是低領、寬鬆、深色、輕軟

注意上下身衣服顏色連同鞋襪要同色，要避免上身與下身的顏色反差太大。穿有點高跟的鞋子與略帶深色的絲襪可以使兩腿修長。上衣或外套短一些，不宜太長，質地要柔軟輕盈；以V形領為佳，袖口宜小。男士適合穿西裝褲，給人以優雅、富態之感。

二、高長瘦削型

宜穿帶有襯肩的大領寬鬆上衣，這種類型的男士穿夾克很合適。要選擇有膨脹感的色調。可穿帶有細格條紋和大方格的上衣，褲子不宜過於寬大。女士不要穿窄腰或領口很深的連衣裙，面料圖案不宜選直線條的。胸部瘦小者，不要穿緊身服裝。

這裡要特別強調的是西裝，西裝是男士最常用服裝。穿西裝一定要選擇優質的，粗劣西裝會損害你的風度，降低你的格調。

其次，是服裝顏色的選擇。

色調是構成服裝美的重要因素之一。不同的色彩能引起人們不同的聯想，產生不同的心理感受。在一般情況下，服飾色彩的選擇一般是由人的自身的性格、生活經歷、經濟基礎、性格氣質、愛好興趣決定的。沒必要做刻意的要求與規定。但在某些特定環境

中，談話者就要考慮到演講的內容、環境、時空等諸多因素來進行衣著、飾物方面的顏色搭配。

一般來說，紅色熱烈，橙色興奮，黃色光明，綠色清新，黑色沉靜，藍色莊重，紫色神祕，白色純潔。以紅色為代表的能引起人們興奮、熱烈情緒的色彩稱為「積極的色彩」，以藍色為代表的給人以沉著、平靜感覺的色彩稱為「消極的色彩」。

就色彩本身而言，協調的搭配原則是同類色相配或近似色相配，這使人看著順眼、舒適、平和；而大膽、創新的搭配法則是強烈色相配或是對比色相配，使人看起來醒目，與眾不同。不同的色彩搭配法，所產生的效果也會截然不同。所以，你應該根據不同的場合需要，來選擇適當的色彩與搭配方法。

話術點睛

在一些場合下，服飾也是一種很直觀的語言，它展現了你的氣質，也向其他人展示了你是一個怎樣的人。所以，前往不同場合前一定要先確認一下自己的服飾是否適合、是否恰當。

08 注意禮儀，要以禮待人

禮儀是在他的一切別種美德之上加上一層藻飾，使它們對他具有效用，去為他獲得一切和他接近的人的尊重與好感。
——洛克【英國】

別人的尊重是每個人都希望得到的。當遭到他人的言語攻擊時，誰都會不同程度地進行還擊和自衛。出言不遜引起了人們在日常生活之中的大多數不和，因此，要學會說話，首先就應該學會在言辭上以禮待人。語言上的以禮待人主要體現在以下幾個方面：

一、用詞文明，不說髒話

髒話最容易把人激怒，人只要一發怒，談話就難以進行。所以，我們與他人談話時，一定要在嘴巴上多放個「哨兵」，切忌讓「他媽的」、「你這小子」、「王八蛋」、「笨蛋」等有損於對方人格的髒話溜出口。

二、注重尊嚴，忌揭人短

俗話說：打人不打臉，罵人別揭短。尋錯揭短也是話不投機的一個重要原因。人非聖賢，孰能無過，抓住別人的一點過錯、短處不放，數落、埋怨，怎能有良好的交談效果呢？

三、融洽和諧，勿心是口非

口是心非乃做人的大忌，心是口非是交談的大忌。所謂的心是口非就是有好心腸沒有好的表達，「刀子嘴，豆腐心」指的就是這類人。心是口非在親朋好友中交談較為常見，家庭成員中的對話更是司空見慣，這樣的例子不勝枚舉。

四、控制情緒，不說氣話

無論是對熟人還是陌生人，無論是對老還是少，你的帶有嚴重情緒的話，尤其是氣話，不管在何種場合，都是讓對方難以接受的。對方不是當即就與你吵起來，就是拔腳就走或閉口不言。所以，我們在交談時，千萬不要帶有不滿情緒，更不能說氣話。倘若對方生氣時，我們也應從團結的願望出發，在語言上給予勸慰和忍讓。

五、待人友好，避揭隱私

隱私是指人們不願告訴別人或不願公開的事。這種事人皆有之，對方不願告人的事，你卻公開了，這是給對方人格最大的不尊重，也最容易傷對方的心。至於那些把對方的隱私當做法寶，隨意拋擲的做法，實在是太不可取了。

六、平等相待，不以勢壓人

這就是說，不要以為自己的職務比對方高，年資比對方久，或者認為「真理」在自己這方，因此在與對方交往時以勢壓人。而應把自己擺在與對方同等的位置上，以商討的口氣，溫和的語調，用容易被對方接受的言辭與對方交談。

七、和諧共處，不爭強勝

爭強好勝並非總是壞事，在工作中，追求事業上的爭強好勝是應該鼓勵的，是人有進取心和上進心的表現。但在交談中爭強好勝就不太妙了，往往會把交談變成爭辯，爭辯發展為抬杠、鑽牛角尖，最終導致強詞奪理，甚至是人身攻擊。爭強好勝，在年輕人中表現得最為突出。

八、主動檢討，承擔責任

主動地、實事求是地檢討自己的過錯，求得對方的諒解，是尊重對方人格的一種最實際的表現。同時也能喚起對方的同情之心和羞恥之感，繼而做出友好的表示。

九、真誠相見，不說假話

赤誠相見說實話，道真情，是求得對方幫助的一個有效的方法。因此，一定要以心換心，說真話，講實話，切忌用假言假語或花言巧語來欺騙對方，這樣才能兩心相印。

話術點睛

話有三說，會說的人能把人說笑，不會說的人只能讓人對他更加反感。但不管你會不會說話，都應該記住以禮待人，投其所好的道理。這樣，即使你比較木訥，也不會因失言而得罪人。

09 吸引你的聽眾不自覺地認同你

當你與人互動交往時，記住：要滿懷熱情和誠信地與人交談。
——卡內基【美國】

互動指的就是事物之間的互相作用和互相影響。在談話過程中，不僅僅要影響聽眾，更要關注聽眾的反應，並據此改變自己說話的策略。說話是雙方面的，甚至是多方面的。當你面對聽眾談話的時候，如果你只一股腦地把自己想好的話講出來，而不瞭解聽眾的看法和興趣，不能觀察聽眾對你的話有什麼反應，有什麼疑問，不能及時地解除對方心理的癥結，那你就不能算是一個好的談話者。

說話時，除了要有你自己的立場和態度，更要設身處地地去瞭解對方的立場和態度。這是因為每個人的思想觀念都是不同的。說話時讓別人先說，可以表示你的謙遜，也可以藉此機會來瞭解對方。

有很多人喜歡在交談時搶盡先機或滔滔不絕，不給他人說話的機會。實際上，這種缺乏互動的交談方式是不會產生良好效果的。倘若你是一個商店職員，對一個上門的顧客滔滔不絕地宣傳自己的貨物如何優質，那顧客對你如簧之舌、天花亂墜的說法一般會比較免疫，大多會認為這不過是一種生意經，絕不會相信並立即購買。反過來，你如果給顧客說話的餘地，讓他對貨物有評論的機會，並共同討論這件物品，你的生意便可能做成了。

在交談中，無論是提問還是反問，都是考慮交談對象和情境。適時巧妙地提問，可以避免交談中的利害衝突讓談話繼續下去，有時甚至還有可能掀起談話的高潮。

既然提問是增進互動的好方式，那麼如何提問才能稱得上巧妙呢？下面就來介紹幾個提問的小技巧：

一、選擇型提問

這種提問方式多用於朋友之間，表示雙方並不在乎如何選擇。例如，你和朋友一起去酒吧，你不知他的喜好，便問：「我們要啤酒，還是調酒？」

二、協商型提問

如果你要別人按照你的意圖去做事，你可以用商量的口吻提問。例如，你要祕書起草一份文件，先把意圖講清，隨後問一句：「你看這樣是否妥當？」

三、限制型提問

這是一種目的性很強的提問法，也就是給所提的問題限制一個範圍。它能幫助提問者獲得較為理想的回答，減少被提問者拒絕回答的可能。例如，侍者在客人點小菜時問一句：「要不要滷蛋？」可能就有許多客人回答說不要，但是如果侍者問：「要不要一個或是兩個滷蛋？」這樣對方的選擇範圍就小了，提問者就可能得到一個滿意的回答。

四、婉轉型提問

為了避免對方拒絕回答出現尷尬局面，可婉轉地提出問題。如，一個小夥子遇到了心愛的女孩，但不知對方怎麼想，他可以試探地問：「我能陪妳走走嗎？」如對方不願意，她的拒絕也不會令小夥子太難堪。在日常交際中，一般不可問別人有多少錢，不可問女子的年齡，不可問別人的家世，不可問別人工作上的祕密。

掌握了提問的技巧就如同掌握了開啟互動之門的鑰匙，這些簡單的提問會幫助你瞭解更多對方的資訊，有助於你談話目的的達成。

話術點睛

在說話的過程中，我們應該顧及到在場的聽眾，自說自話是毫無意義可言的，只有當別人對我們的話語有所反應時，我們的話才有價值。

10 說話準確，瞬間征服對方

「急不擇言」的病源，並不在沒有想的功夫，而在有功夫的時辰沒有想。
——魯迅

說話的目的就是要讓別人聽懂，這是對說話最基本的要求，如果一個人說的話別人聽不懂，語言不準確或者意思表達不清楚，就不能反映出他的現實面貌和思想實際，聽者也就不能理解和接受，結果不僅會給你帶來不少麻煩，還會引起無法挽回的誤會。

二戰期間，由於德軍經常空襲倫敦，所以英國空軍總是保持高度警惕。

在一個濃霧漫天的日子，倫敦上空突然發現了一架來歷不明的飛機，英國戰鬥機立即升空迎擊，到飛臨對方時，才發現這是一架中立國的民航機。

英國戰鬥機向地面指揮部報告了這一情況，請求指示。地面指揮部回答：「別管它。」於是，英國戰鬥機發出一串火炮，把這架民航機打落了。

後來，英國為此支付了一筆巨額賠償才了事。

英國戰鬥機和地面指揮部都負有不可推卸的責任。首先是地面指揮部，不該用「別管它」這樣語義不明的言辭來回答戰鬥機的請示。這既可以理解為「別干涉它，任它飛行」，也可以理解為「不用管它是什麼飛機，先打下來再說」。

戰鬥機的責任是在聽到這樣可作完全相反理解的命令後，應該再次請示，然後再採取行動。這樣就不致鑄成大錯了。在遇到這種言辭時一定要慎重處理，一定要準確表達，切勿模糊不清，否則它會成為你與人溝通的障礙，甚至會得罪人。

話術點睛

有些話是容不得半點含糊的，我們一定要慎重表達，瞬間就要讓對方明白我們的意思。否則不清不楚，對方很可能誤會我們的意思，那樣就出問題。

11 放開心靈，完美溝通

交談時的含蓄和得體，比口若懸河更可貴。

——培根

老李是一個性格和善的人，他的話不多，可是大家有了什麼鬱悶的事，都喜歡找他來聊一聊。和老李聊過天的人都覺得，他是一個優秀的傾聽者、交談者。和他談話是一次精神上的愉悅體驗。這是因為老李在與人交談時的態度非常熱誠且善解人意，因此，在他面前，即便是最羞怯最膽小的人，也會在他的鼓勵下談論自己身上最美的閃光點，並感到自己能輕鬆自如地和他談話。他解除和驅逐了別人的擔憂和疑慮，使得他們能夠暢所欲言，向他訴說無法向其他人訴說的東西。

人們都會認為像老李這樣的人是一個有趣的、成功的談話者，因為他能夠挖掘別人身上最優秀的內涵。如果你也想讓自己成為一個令人愉悅的人，就必須想方設法地瞭解與你對話者的生活，並且用他們最感興趣的內容來打動他們。不管你對一個話題是多麼的瞭解，如果它不能讓你的談話對象產生興趣，那麼你的努力大半都是徒勞的。

高明的談話者總是機智得體的——他在逗趣的同時不會冒犯和得罪他人。如果你想讓他人感到詼諧有趣，你就不能戳傷他們的痛處，或者是對他們的家庭瑣事喋喋不休。

一些人有那種特殊的品質，他們能夠準確地挖掘其他人身上最美的閃光點。美國著名的總統林肯就是這樣一位非凡的語言藝術大師，他在任何人面前都能做到詼諧風趣。他常常用生動有趣的故事和玩笑使得人們徹底放鬆緊張的心情，所以，很多人在林肯面前都感到非常輕鬆自如，願意毫無保留地向林肯傾訴心底的祕密。陌生人也樂於和他談話，因為他是如此地熱誠和風趣，和他談話時如沐春風，並且受益良多。

在交談中，幽默能夠帶來更好的交談氛圍。但是，並不是每個人都能如此幽默風趣；如果你缺少幽默的天賦，而又企圖牽強地製造幽默，往往會適得其反，令你自己顯得滑稽可笑。

交談時，你不一定要幽默，但一定不能過於嚴肅或不苟言笑。因為枯燥的事實和單調乏味的統計資料只會讓人感到沉悶和厭煩。生動活潑是高明的談話所不可缺少的，但又不能流於輕浮。因為沉重的談話固然惹人厭煩，但過於輕浮的談話同樣令人反感。

因此，要想成為一個優秀的談話者，你必須做到自然而不造作，活潑而不輕浮，富於同情心而不惺惺作態，你必須從心底流露出一種善良的意願。你必須真正感覺到那種樂於幫助他人的熱誠，並且全身心地投入到那些令他人感興趣的事物之中。你必須吸引人們的注意力，並且透過打動他們的內心來牢牢地抓住他們的注意力，而這只有借助於一種令人感到溫暖的同情和共鳴，一種真正友善的同情和共鳴才能做到。如果你是冷漠的、缺乏同情心的、拒人於千里之外的，你根本無法抓住他們的注意力。

你必須胸懷開闊，寬容他人。一個胸襟狹小、吝嗇小氣的人永遠都無法成為高明的談話者。如果某人總是對你的個人愛好、你的判斷力、你的鑑賞力橫加干涉，那麼你永遠都不會對他感興趣。

如果你緊緊地封鎖了任何一條可以靠近你的心靈途徑，所有溝通和交流的管道都對別人關閉了，那麼你的魅力和熱誠就由此被切斷了，你們之間的談話只能是漫不經心的、馬馬虎虎的和機械單調的，不會帶有任何活力或感情。

你必須使你的聽眾靠近你，必須開放你的心靈，並以一種最自然的狀態去擁抱對方。你必須先做出回應，然後他人才會毫無保留地向你展示自己，讓你自由地進入他的內心最深處。如果一個人在任何地方都是成功者，那麼其奧祕只能在於他的個性，在於他擁有一種能夠以強有力的、生動有趣的語言有效地表達自己思想的能力。他沒有必要透過羅列財富清單的形式向人展示自己有多成功，事實上，只要他一開口說話，財富就會源源而來，他的表達能力就是他最大的財富。

話術點睛

要想與別人很好地溝通，就要敞開自己的心靈，力求真心換真心，不要刻意掩飾，一旦讓對方意識到你的不真誠，就會對你有所保留。

謝謝您購買 一口刀子嘴，就算豆腐心也沒人愛：用舌頭代替拳頭的話語 這本書！

即日起，詳細填寫本卡各欄，對折免貼郵票寄回，我們每月將抽出一百名回函讀者寄出精美禮物，並享有生日當月購書優惠！

想知道更多更即時的消息，歡迎加入"永續圖書粉絲團"

您也可以利用以下傳真或是掃描圖檔寄回本公司信箱，謝謝。

傳真電話：（02）8647-3660 信箱：yungjiuh@ms45.hinet.net

☺ 姓名：　　□男　□女　　□單身　□已婚

☺ 生日：　　□非會員　　□已是會員

☺ E-Mail：　　電話：（　）

☺ 地址：

☺ 學歷：□高中及以下　□專科或大學　□研究所以上　□其他

☺ 職業：□學生　□資訊　□製造　□行銷　□服務　□金融

□傳播　□公教　□軍警　□自由　□家管　□其他

☺ 您購買此書的原因：□書名　□作者　□內容　□封面　□其他

☺ 您購買此書地點：　　金額：

☺ 建議改進：□內容　□封面　□版面設計　□其他

您的建議：